南インド料理とミールス

僕と南インド、南インド料理

　アラビア海を望む海岸通り沿いには、ヤシの木がすっと背筋を伸ばして生い茂っています。砂浜と道を隔てるコンクリートに腰をおろし、おしゃべりに興じながら夕涼みをする地元の人たちの姿。水平線に沈んでいく、大きくて真っ赤な夕日をぼんやり眺めていると、波の音とシンクロするように満天の星空が広がりました。まだ10歳にも満たない幼い僕ですら、この息をのむほどの美しい光景に感動したことを今も覚えています。子どものころに祖父に連れられて行った、ケララ州コバラムビーチでの思い出です。サンスクリット語でケーラは「ヤシ」、ラは「大地」を意味し、「ヤシの大地」と呼ばれています。このあたりは、水資源が豊富で農業がさかん、人々の暮らしがとても豊かな地域なのです。

　それから十数年後、まさか自分がインドに住むとは思いもしませんでした。ゴア州にある「シダデゴア」という5ツ星ホテルで、1年間修業する機会に恵まれたのです。そこは海岸に面した高級リゾートホテルで、お客さまの半分以上は欧米人や裕福なインド人。メニューは豪華な北インド料理が中心でしたが、南インドの朝食メニューや東インドのスイーツなど、さまざまな料理を提供していました。タンドリー窯を担当した時には、いろいろな串料理を焼き、高価な魚を窯の底に落として無駄にしたことも……。朝食のセクションにいた時はとにかく早起きがつらくて、先輩が淹れてくれるショウガたっぷりのチャイで目を覚ます毎日でした。今、僕が作るチャイは、その時に飲んでいたイメージで、茶葉とショウガ濃いめで仕立てています。

　国を東西南北に分けられるくらい、インドは地域によって料理が違います。日本では、北インドの宮廷料理が先に広まったため、長らくインド料理といえばバターや生クリームを使ったリッチなカレーやナンの印象でしたが、ここ数年で南の料理がずいぶん浸透してきました。
　南インド料理の特徴をひとことで言えば、野菜中心でヘルシー、バラエティに富んでいて日本人の味覚に合う。豆や魚もよく食べますし、それらを煮込んだカレーは、ナンやチャパティではなくごはんと一緒に食べます。暑い地域なので、加熱は短時間、素材のフレッシュ感を残して仕上げるのも日本人好み。バターなどの動物性脂肪もほとんど使わないため、唐辛子をはじめスパイスの風味が際立ち、食後感もスッキリ。タマリンドや酢、ヨーグルトなどで酸味を効かせた味つけも多く、毎日食べても飽きない点も魅力です。

-米-

　米どころである南インドでは、お米が主食です。日本では粒が長い、パラパラとした「バスマティ米」が有名ですが、これはインドでは高級米の部類。現地で日常的に食べられているのは「スーナマスリ（ソナマスリ）」と呼ばれる、日本のうるち米に似た値段も手頃なお米です。ほかにも、日本米に似た少しもっちりしたお米も食べますし、ケララでは赤いお米（通称ケララ米）をフィッシュカレーやサンバルなどと食べる習慣があるなど、米の種類も豊富。南インドのカレーはサラサラとして水分が多いのが特徴ですが、これがごはんによく合うんです。また、薄いクレープ状のドーサや朝食の定番で蒸しパンに似たイドゥリーは、米をペーストにした生地で作るもの。お米料理のバリエーションは日本以上にあると言えます。

- 魚 -

海に面したケララでは、「お肉より食べているのでは？」というほど日々の食事に魚が欠かせません。もっともポピュラーなのは、魚をスパイスでマリネしてシンプルに焼き上げた"焼き魚"。ちょっと濃いめに味つけして、真っ白なごはんと食べるのが家庭でのスタイルで、おふくろの味です。この本でもフィッシュフライ（p120）として紹介していますが、パリッと焼いた皮目の香ばしさなど、日本人ならその見た目だけで食欲がそそられるでしょう。

ケララでは豊富な種類の魚が水揚げされますが、人気があるのはアジ。なんと言っても安くて旨い！　日本と同じです。脂がのったアジをココナッツミルクで煮込んだカレーが定番で、僕もよく食べました。向こうでは、一尾丸ごと調理するのがごちそう。大きな魚の場合は、日本のようにきれいに三枚におろしたりはせず、ぶつ切りにして豪快に料理します。そういえば、修業時代にホテル内の社員食堂で食べたイカのカレーは衝撃的でした。「イカをカレーにするんだ！」というのと、あまりのおいしさに驚いたことを覚えています。

- 野菜 -

ベジタリアンが多いこともあり、インドでは野菜は魚や肉よりも重要な素材です。市場には色とりどりの野菜が並び、「野菜だけで365日、違うカレーが作れる」と豪語する料理人がいるくらいです。向こうのタマネギは皮が赤くて小ぶりのエシャロットに近いものだったり、ドラムスティック（太鼓のバチに似た形の、サンバルに欠かせない野菜）やヤーム（ゾウコンニャク）のように、日本では手に入らないものがある一方で、オクラ、冬瓜、ゴーヤ、インゲン、サトイモなど、共通の野菜もたくさん。インドではオクラのカレー、キャベツのトーレンというように、ひとつの料理に使う野菜は1種類が原則ですが、南インドでは、サンバルやアビエルのように、複数の野菜をごった煮のように仕立てることも。また、カレーリーフや香菜（コリアンダー）など南インド料理に欠かせない生のスパイスも、安価で購入できるため、現地ではカレーに惜しみなく使います。以前に比べれば、日本でも入手しやすくなりましたが、僕にはうらやましい限りです。

　僕自身、年に一度はインドに足を運び、さまざまな現地の素材や味に触れるにつれて、自分の出自でもある南インドの料理への思いは強くなるばかりです。ブームと言えるほど、日本に南インドのカレーやミールスが浸透しつつあるなか、できるだけ現地の味を正確に再現したレシピをみなさんに紹介したいと思い、この本を作りました。使用するスパイスや素材、その分量にもこだわりました。けっして、手軽に作れると謳うようなレシピではないかもしれません。スパイスを揃えるのが大変と思われる人もいるでしょう。なければ省略……それもありだと思います！　でも、材料を揃えて、手順通りに作ってみれば、本格的で滋味深い味わいの南インド料理ができるはずです。野菜の切り方も、加熱方法も、きっと思っているより簡単です。料理を通してインドの文化に少しでも触れていただけたら、僕にとっては何より嬉しいことです。

ナイル善己

もくじ

3 僕と南インド、南インド料理

8 作り始める前に

南インド料理のキーワード

1 スパイス三種の神器
14 マスタードシード
16 カレーリーフ
18 タマリンド

2 南インド流コクの出し方
20 ココナッツ
22 ヨーグルト
24 豆

3 ミールスはたのしい
28 基本のミールス 1
30 基本のミールス 2
32 ベジミールス
34 ノンベジミールス
36 ハレの日のミールス
38 スリランカ風プレート

南インドのカレー

41 ケララチキン　基本のケララチキンカレー
44 モールコロンブ　サトイモのヨーグルトカレー
47 フィッシュカレー　タマリンドベースの魚カレー
50 ポークロースト　豚肉とココナッツのスパイス煮込み
52 サンバル　豆と野菜のカレー
54 マラバールサンバル　ココナッツ入り豆と野菜のカレー
56 バルタラッチャチキン　ローストココナッツのチキンカレー
58 ゴアンプロウン　ゴア式エビカレー
60 ラッサム　黒コショウの酸味スープ
62 ダールカレー　南インドの豆カレー
64 ケララシチュー　ケララ式ココナッツカレー
66 カーラン　サトイモのココナッツカレー
68 オーラン　豆と大根の白いカレー
70 ティーエル　タマリンドベースのナスカレー
72 ウェンダッキャプルシェーリー　オクラのヨーグルトカレー
74 ポークビンダルー　酸味の効いたゴア式豚肉カレー
76 チキンクルマ　チキンのコルマカレー
78 ミーンモーリー　ココナッツとレモンの魚カレー
80 ビーフワラット　ドライタイプの牛肉のカレー
82 エッグマサラ　ゆで玉子のスパイスカレー

お米とパロタのレシピ

85 基本のバスマティライス
87 レモンライス　レモン風味ごはん
88 ギーライス　ギーの炊き込みごはん
89 ポンガル　米と豆のおかゆ
90 チキンビリヤーニ　鶏肉の炊き込みごはん
92 ベジタブルビリヤーニ　野菜の炊き込みごはん
94 マサラドーサ　ポテトマサラを包んだ米のクレープ
　95 ドーサを焼く
　96 ポテトマサラ
97 ウタッパム　野菜のお好み焼き
98 イドゥリー　米粉のインド風蒸しパン
100 パロタ　南インドのパン

ピクルスとチャツネ

131 レモンピクルス　レモンのピクルス
132 ライムピクルス　ライムのピクルス
132 ジンジャーピクルス　ショウガのピクルス
133 プロウンピクルス　エビのピクルス
134 インジカリ　ショウガのチャツネ
134 ココナッツチャトゥニ　ココナッツのチャツネ
136 グリーンチャトゥニ　ハーブのチャツネ
136 トマトチャトゥニ　トマトのチャツネ
137 チャンマンディ　生ココナッツのチャツネ
138 ポディ　豆のスパイシーふりかけ
139 バターミルク　塩味のヨーグルト

おかずとおつまみ

103 アビエル　野菜のココナッツ炒め煮
105 クートゥ　ジャガイモのスパイシーペースト
106 キャベツのトーレン　キャベツのスパイス炒め
107 インゲンのトーレン　インゲンのスパイス炒め
108 ゴーヤのポリヤル　ゴーヤのスパイス炒め
109 オクラのポリヤル　オクラのスパイス炒め
110 パッチャディ　キュウリのヨーグルトサラダ
111 キッチャディ　ビーツのヨーグルトサラダ
112 チキン65　骨つきチキンのスパイシー炒め
114 チキンチリロースト　鶏モモ肉の唐辛子炒め
116 マトンペッパーフライ　マトンの黒コショウ炒め
118 プロウンマサラ　エビのスパイス炒め
120 フィッシュフライ　イワシのスパイシー焼き
122 ミーンポリチャットゥ　魚のバナナの葉包み焼き
124 フィッシュカトゥレットゥ　魚のカツレツ
126 ワダ　ウラッド豆のスナック
127 ワダ　チャナ豆のスナック
128 パコラ　野菜のかき揚げ
129 ボンダ　インド風コロッケ

デザートとドリンク

141 パイヤッサム　バナナとタピオカの黒糖ココナッツミルク煮
142 ネイアッパム　黒糖とバナナのドーナツ
143 パラムポリ　バナナの衣揚げ
144 チャイ　インド式ミルクティー
144 マサラチャイ　スパイスミルクティー
145 ラッシー　ヨーグルトドリンク

146 **スパイス図鑑**
150 **さくいん**
　　スパイスやインド食材、調理器具が買えるお店

撮　影　大山裕平
　　　　ナイル善己（インドの写真）
デザイン　熊谷元宏（knvv）
編　集　鍋倉由記子（柴田書店）

作り始める前に

本書のレシピを作るうえで押さえておきたいポイントを集めました。作る前に目を通してください。

1 材料をあらかじめ計量し、切っておく

おもな野菜の大きさ 本書では、以下の大きさを目安にしています。

タマネギ 1個 = 250g
＊皮をむき、ヘタを切り落とした状態

トマト 1個 = 200g

ニンニク・ショウガ 1かけ = 8g
＊皮をむいた状態

青唐辛子 1本 = 3g
（長さ7〜9cm）

- 大さじ1は15cc、小さじ1は5ccです。
- 米は1合カップで計量します。米料理に使う水も同じ1合カップで計量します。
- スパイスの計量にも大さじ、小さじを使います。ホール（粒）もパウダー（粉）も、山盛りではなくおよそすりきりの量を用意します。また「小さじ1/2」という分量がよく出てきます。小さじ1/2が計量できるスプーンがあるととても便利です。
- ヨーグルトの分量は重量（g）で、ココナッツミルクはccで表記しています。
- 一部を除き、レシピは約4人分です。
- スパイスのテンパリングはp15、タマリンドの準備はp19を参照下さい。

スパイスは加えるタイミングが同じものごとに、まとめて計量しておく。

おもな野菜の切り方

タマネギ

ざく切り：2〜3cm角　　粗みじん切り：7〜8mm角

みじん切り：4〜5mm角　　薄切り：厚さ1mm

ショウガ（ニンニクも共通）

薄切り：厚さ2mm　　せん切り：2mm幅

みじん切り：2〜3mm角　　すりおろし

青唐辛子

斜め薄切り：厚さ1mm

3〜4等分にする

みじん切り：縦半分に切ってから、1.5mm幅に切る

切り込みを入れる

トマト

ざく切り：2〜3cm角に切る

形を揃えて切る

サンバル（p52）やアビエル（p103）など、長さ3cmほどの長方体に野菜を切り揃えるレシピが何度か登場します。これはいかにも南インドらしい切り方。

2 油はたっぷりと使う

初めて本書のレシピを作る時、その油の量に「こんなにたくさん？」と驚くかもしれません。インド料理は全般的に油は多め。それにはちゃんと理由があるのです。

スパイスの香りを移す

スパイスは大半が脂溶性。油と一緒に加熱することで香りや辛み、香ばしさが出てきます。その風味が移った油で素材を炒めたり、料理の仕上げに加えてイキイキとした香りや辛さをプラスしたり（テンパリング・p15）。ホールスパイスの場合、中まで温まり、香ばしく色づけば油に風味が移った合図です。

油で揚げるように炒める

南インドでは、タマネギを濃いあめ色になるまで炒めることはありません。たっぷり油を入れた鍋に野菜を広げて入れ、揚げるように炒めて短時間で火を入れるのが基本。油が少ないと均一に火が通らず、また、そのあと肉や野菜を加えていく間に焦げてしまいます。

野菜の炒め方　本書ではタマネギとトマトの炒め具合を以下のように表現しています。

「しんなりする」
タマネギ全体に油が行き渡り、水分が引き出されて文字通り「しんなり」した状態。ニンニクやショウガを加えるタイミング。タマネギに水分がある間は焦げないので、混ぜ続ける必要はなし。

「ほんのり色づく」
しんなりしたタマネギを炒め続けると、水分が抜けてきて、タマネギの周りが軽く色づいてくる。中のほうまでは色づきません。この状態になったら、パウダースパイスを加えるタイミング。

「半分ほど崩れる」
トマトは多くの場合、香味野菜とスパイスを炒め合わせたところにざく切りを加え、なじませるように炒める。トマトの周りが煮溶け、「形が半分ほど崩れてきたら」水やココナッツミルクなどの水分を加える。

---

3 スパイスの風味の引き出し方

スパイスの種類も量もたくさん使う南インド料理。スパイスの中に秘められた香りや辛みをしっかり呼び覚ますことで、料理はグンとおいしくなります。

ホールスパイスとパウダースパイス

ホールは粒丸ごとの状態、パウダーは粉末にしたものを指します。一般的にホールは香りがおだやかで、粉状にすると鮮やかな香りが出てきます。本書にも、ホールスパイスをつぶしたり、ミル（スパイスやコーヒー豆を粉に挽く機器）で挽いて使うレシピがあります。市販のパウダースパイスで代用できますが、ぜひ一度ホールスパイスから作ってみてください。挽きたての抜群の香りに驚くはずです。

香りの引き出し方

① ホールをつぶす、挽く

インドには各家庭にスパイスをつぶす道具があり、新鮮な香りを料理にプラスします。麺棒などで粗くつぶすだけでも香りはグッと立ってきます。本書では、ココナッツと一緒に挽くレシピも何度か登場します。普段からスパイスをよく使う人には、スパイス専用のミルを一台用意するのもオススメです。

② 加熱してから挽く

熱を加えることで、スパイスの香りはさらに出てきます。ホールスパイスをフライパンでじっくりとから煎りすると、スパイス本来の風味が呼び起こされると同時に、香ばしさも加わってなんともよい香りに。これをミルなどで挽くことで、鮮烈な香りや辛さが楽しめます。

③ パウダースパイスを炒める

パウダースパイスは、調理の途中で加えることがほとんど。加えたら20〜30秒ほどしっかり炒め合わせ、香りを充分に引き出してから次の工程に移ります。本書のレシピで、パウダースパイスを炒め合わせたあとに少量（大さじ1〜2）の水を加えるのは、スパイスの香りをもう一段階引き立たせるため。焦げ防止にもなります。

4 炒める時は強めの中火、煮る時は弱火で

火加減の基本は「強めの中火で炒め、水分を加えたら弱火にしてやさしく煮る」。大切なのは、鍋の中の温度を一定に保つようにすることで、あらたに材料や水分（水やココナッツミルク）を加えたら、強火にして鍋の中の温度を短時間で上げるようにします。パウダースパイスや塩を加えたあとも、必ず火を強め、ひと煮立ちさせて全体になじませます。そして、煮る時は弱火にし、ポコッポコッとわずかに沸く状態を保ちながら煮ます。

＊基本的にアクはひきません。気になる方は取り除いて構いませんが、煮込むうちにアクも溶け込んで味わいにつながると考えます。

5 水の入れすぎに注意

豆や米をゆでる時などを除き、水は入れすぎないように注意します。南インドのカレーは、サラサラとしていて水分が多く感じますが、基本的に最小限の水で煮て、足りなくなれば適宜加えて調整します。油やスパイスをたっぷり使って作る味のベースが、必要以上の水で薄まってしまうと味が変わってしまいます。とくにヨーグルトベースのカレーは、ヨーグルトの水分でサラサラになるのでご注意を。

6 塩は二段階に分けて加える

本書の各レシピの最後には、必ず「塩で味をととのえる」と書かれています。インド料理で使う調味料は、基本的に塩のみ。塩が味の決め手であり、「なんだか味が決まらない」という時は塩が足りない場合がほとんどです。とはいえ、一度の塩でピシッと味を決めるのは難しい。仕上げのタイミングで必ず味見をし、足りなければ塩（分量外）を加えて調整しましょう。なお、本書では精製塩を使っています。雑味がなく、塩気がストレートに決まるので使いやすいですが、もちろん好みの塩で構いません。味を確認しながら、塩加減を調節してください。

南インド料理のキーワード

南インド料理のおいしさの秘密は？
「テンパリング」など独特のスパイス使いや、タマリンドやヨーグルトなどの酸味とコクの生かし方、随所に登場するココナッツやココナッツオイル……ポイントを押さえるとより深く南インド料理が理解できます。日本でも人気の南インドの定食「ミールス」の魅力も紹介します。

タミルナード州ニルギリ山頂にある市場にて

南インド料理のキーワード1
スパイス三種の神器

① マスタードシード

マスタードシードはインド全土で使われるスパイスですが、北と南で使い方が異なります。北インドでは、挽き割りにしてツンとした辛みをピクルスなどに使うのに対し、南インドではホールのまま油で熱して、香ばしさとプチプチした食感を料理の仕上げにプラスするのが定番（テンパリング）。マスタードシードにはイエローとブラウンがあり、本書では加熱時に色の変化がわかりやすいイエローを使用。パチパチとはねるのがおさまったら、火が通った合図です。

「テンパリング」で香りを引き出す

「テンパリング」は南インド料理で多用するスパイス使いのテクニック。油を熱してマスタードシード、赤唐辛子、カレーリーフなどの風味を移し、スパイスごと料理の仕上げに加えてイキイキとした香りをプラスします。

基本のテンパリング

1 フライパンに油を入れて強めの中火にかける。＊スパイスの香りをしっかり油に移すため、油の量は減らさないこと。

2 油がしっかり温まったら、マスタードシードを入れる。スパイスの周りが泡立ってくる。

3 パチパチとはじけ始めたらふたをする。マスタードシードが黒っぽく色づき、はねるのがおさまるまで待つ。

4 残りのスパイス（赤唐辛子とカレーリーフ）を加え、フライパンをゆすって火を通す。ここに別のスパイスやタマネギ、豆を加えることも。

5 赤唐辛子とカレーリーフが色づき、香りや辛みが充分出たら火を止める。＊苦みが出るのでスパイスを焦がすのはNG。

6 5をスパイスごと、料理に一気に加える。油がはねるので注意。

7 料理をひと煮立ちさせ、2〜3分混ぜながらスパイスを全体になじませる。＊料理の仕上げに加えることで、スパイスの刺激や香りを鮮やかに表現する。

つぶして辛みを生かす

マスタードシードをつぶすと、ホールの時にはない、いわゆるマスタードのツンとした辛みが出てきます。この風味を生かした料理といえばピクルス。本書でもレモンピクルス(p131)で使用しています。

マスタードシードは押しつぶすかミルにさっとかけると、マスタードらしい刺激と香りが出てくる。

本書で紹介したレモンピクルスは、マスタードシードが味のポイント。ほかのスパイスと油で熱し、これでレモンをマリネして風味をつける。

スパイス三種の神器

② カレーリーフ

「カレーリーフ」という名前の通り、カレーの風味を持った葉で、スリランカでは「カラピンチャ」と呼ばれています。サラサラのカレーやココナッツを使ったカレーと相性抜群で、南インドやスリランカの料理に欠かせません。テンパリングして加えると、スッと速やかに香りが広がるカレーリーフ。近頃は、日本でも少しずつ出回るようになりました。ドライの葉を使う場合も、フレッシュと分量や使い方は同じ。でも香りはフレッシュのほうが圧倒的なので、手に入ったらぜひ一度使ってほしいスパイスです。

指でしごいて葉をばらす

本書のレシピでは、カレーリーフを基本的に1枝単位で使います（1枝に葉は12枚前後）。枝についた葉を指でしごくようにしてばらし、枝も一緒に使います。

加熱で香りを引き出す

カレーリーフはマスタードシード、赤唐辛子と一緒にテンパリング（p15）して料理の仕上げに加えるのが基本の使い方（写真左）。油を使わず、から煎りして香りを引き出すこともあります（右）。

カレーリーフを育てる

日本ではおもに沖縄や九州で栽培されているカレーリーフ。インドのものに比べて小ぶりですが、香りは抜群です。ただ、出回る量が少ないのは事実。ならば、プランターで育ててみませんか？ 冬場は室内に置く必要がありますが、基本的に育てやすく、いつでも使うことができます。僕も自宅で育てています。

保存する

カレーリーフは香りがとばないよう、1枝ごとにラップで密閉して冷凍庫で保存します。また、一度にまとまった量を入手した場合は、テンパリングの要領でサラダオイルで炒めて香りを移し、カレーリーフを油に漬けたまま冷蔵庫に入れると1週間ほど保存可能。「香り油」としてカレーの仕上げに加えます。

もうひとつの味の決め手
青唐辛子の使いこなし

南インドにおいて青唐辛子は、ニンニクやショウガと同じくらい重要な存在。その爽やかなグリーンノート（青い香り）とスッキリした辛さは、カレーはもちろん、パコラやチャツネなどさまざまな料理に縦横無尽に使います。香味野菜としてタマネギやニンニクと炒めて味のベースにしたり、仕上げに加えてフレッシュな香りを生かしたり。最近は季節を問わず手に入りますが、ない場合はシシトウで代用することで、その香りを補うことができます。

唐辛子のトリプル使い

南インドでは青唐辛子、カイエンヌペッパー、赤唐辛子を用途に応じて使い分けますが、時に、最初に爽やかな香りの青唐辛子を炒めてベースを作り、ツンと抜けるカイエンヌペッパーを加えて料理に辛みをつけ、仕上げにテンパリングした赤唐辛子の香ばしさをプラス……と3種類の唐辛子を3段階で用いるレシピも。これを僕は「唐辛子のトリプル使い」と呼んでいます。

スパイス三種の神器

③ タマリンド

暑さが厳しい南インドでは、酸味のあるカレーをよく食べます。その酸味づけに欠かせないのがタマリンド。ドライプルーンのようにねっとり熟したマメ科の植物です。インド全土で使いますが、果肉を水につけてエキスを抽出し、その絞り汁を料理に使うのは南インドならでは。ぼんやりしている酸味が、スパイスや塩と煮ることで際立ち、旨みやコクが出てきます。ラッサムやサンバルなどの野菜カレーやチャツネに使うほか、魚料理とも相性抜群です。

タマリンドとコクム

タマリンド（写真左）とコクム（右）。どちらも酸味と旨みをもたらす素材で、味も似ています。ぬるま湯につけてエキスを抽出するのは同じですが、タマリンドは絞ったあとの果肉を捨てるのに対し、コクムはカレーに入れて煮ます。

タマリンドの下準備

1 タマリンドを熱めのぬるま湯に入れ、10分ほどおいてふやかす。

2 ぬるま湯の中でタマリンドの果肉を指でもみほぐす。まんべんなくエキスが出るよう、少しずつていねいに。

3 タマリンドの種を取り除く。ほぐした液体はさらに10分ほどおいてエキスを抽出する。

4 3の液体を、手で漉しながら鍋に入れる。

5 手に残ったタマリンドをぎゅっと握り、エキスを絞りきる。

6 手に残ったタマリンドにぬるま湯を足し、さらにほぐす。手で漉し入れてエキスを使いきる。残った果肉は捨てる。

南インド料理のキーワード 2

南インド流 コクの出し方

ココナッツ

南インドはココナッツの産地。現地ではジュースを飲む以外に、果肉をきざんで料理に加えたり、絞り汁をミルクとしてカレーに加えたり。ほとんどの料理になんらかの形で入るココナッツは、南インドの味です。

ココナッツオイル

南インドで広く使われる油は、ココナッツオイル。加熱すると特有の甘い香りが立ちのぼり、これで炒めただけで味に深みが出ます。その独特の風味も、慣れるとやみつきに。サラダオイルで代用可能。

ココナッツミルク

インドでは生のココナッツの絞り汁を使います。日本で入手しやすい缶詰や紙パックのココナッツミルクが濃度も味も濃いのに対し、生の絞り汁はサラサラとしてさっぱりした味わい。乾燥のココナッツパウダーをお湯で溶いて使ってもよい。

ココナッツロング

ココナッツファイン

ココナッツの果肉を削り、乾燥させたもの。目が細いものがファイン、繊維が長いものがロング。前者はペーストにして料理のベースに、後者はほかの素材と長さを揃えたり、シャキシャキした食感を生かして炒めものなどに用いる。

ココナッツオイルで炒める

すっかり入手しやすくなったココナッツオイル。固まったら、お湯につけて溶かして使います。サラダオイルで代用できますが、ココナッツオイルを使うと一気に南インドらしい味になるのでぜひ試してください。ただし、足が早いので日持ちさせたいカレーやチャツネには不向き。

ココナッツミルクでコクを出す

北インドではバターや牛乳、カシューナッツのペーストなどでコクをつけるのに対し、南インドのカレーにはココナッツミルクを用います。定番のチキンカレーはもちろん、魚のカレーとも好相性。まろやかなコクが出ます。

ココナッツファインで下味をつける

ココナッツファイン(またはロング)を少し加えて、肉の下味や野菜の炒もののかくし味にします。炒めることで出てくるココナッツの香ばしさとシャキシャキ感が、料理のアクセントになります。

ペーストを味のベースに

カレーにも、炒めものやヨーグルトのサラダ、チャツネにも。多くの料理に登場するのがココナッツのペーストです。ココナッツファインをそのまま、またはフライパンで香ばしく煎ってからミキサーにかけて粗めのペースト状に。これを味のベースとしてカレーやおかずに加え、コクをもたせます。唐辛子やクミンなどのホールスパイスをココナッツと一緒にミキサーにかければ、スパイスの風味もしっかり広がります。南インドならではのココナッツ使いです。

ココナッツファインとクミンを一緒にミキサーにかけ、クミンの香りが行き渡ったペーストに。

シンプルな味わいのカレーに加え、ココナッツのコクとシャキシャキ感をプラス。

ココナッツをローストしてから作るペーストは、香ばしさと深いコクが特徴。肉のカレーはもちろん、野菜のカレーに使う場合もある。

南インド流コクの出し方

ヨーグルト

ベジタリアンが多いインドですが、ノン殺生、つまりギーや牛乳、ヨーグルトなどの乳製品はOKの場合がほとんど。ヨーグルトは飲む以外に、肉をマリネしたり、カレーに加えたりと料理にもよく使います。持ち味の酸味が、加熱することで動物性らしい旨みやコクに変わります。ヨーグルトをごはんに直接かけると、暑さが厳しい南インドでもさっぱりと食事が進みます。

ヨーグルトは砂糖不使用の、プレーンタイプを使います。低脂肪タイプは旨みやコクが足りないのでNG。インドのヨーグルトは日本のものに比べて酸味と香りがやや強い印象ですが、味わいにほとんど違いはありません。

使う前になめらかにする

ダマにならないよう、ヨーグルトは必ず使う直前にヘラなどでなめらかにほぐしてから用います。マリネ用にスパイスなどを加える場合も、なめらかにしてから合わせます。

ヨーグルトでマリネする

カレーに使う肉をヨーグルトでマリネする（漬ける）のは、肉を柔らかくするため。ここにスパイスやショウガ、ニンニクなどを加えて肉に下味をつける場合もあります。チキンビリヤーニ（p90）のようにマリネしたヨーグルトごと料理に使う場合もあります。

ヨーグルトで煮る

北インドのコルマカレーや南インドのヨーグルトベースのカレーなど、ヨーグルトで煮るカレーもあります。ヨーグルトの大半は水分なので、鍋に入れると濃度がなくなりサラッとします。この時に分離しないよう、弱火にするか火を止めてからヨーグルトを加え、煮立たせないようにしてなじませます。

ギーのこと

ギーは牛乳や水牛のバターを加熱、ろ過して乳脂肪分を限りなく高めたもの。インドの伝統的な油で、風味豊か。本書では、なければ溶かしバターで代用します。

南インド流コクの出し方

豆

豆のカレーが「国民食」と言われるほど、インドでは豆をよく食べます。安価で栄養たっぷり、煮込むとしみじみと旨みが出てくる豆。南インドではペーストにしてとろみづけとしてカレーに加えたり、乾燥の豆をホールスパイスのようにテンパリングして料理に香ばしさをプラスするなど、独特の使い方が見られます。

レッドアイグラム

パンダ豆、ブラックアイビーンズともいう。白地に黒目の見た目を生かすため、形を残してゆでます。オーラン（p68）で使用。白インゲンやレッドキドニーの水煮で代用可能。

チャナダール

挽き割りのヒヨコ豆。独特の青っぽいえぐみが、加熱すると甘みと旨みに変わる。ワダ（p127）に使ったり、ホールスパイスのようにテンパリングして、料理に香ばしさやカリカリ感をプラスする。

トゥールダール

南インドを代表するカレー・サンバル（p52）やラッサム（p60）のコクやとろみづけに使うのが、トゥールダールのペースト。シンプルな味わいで、さまざまな料理に合う。

ブラックチャナダール

黒い皮をまとったヒヨコ豆。ほくほくとした食感が特徴。一晩水につけてから1時間弱ゆでる。クートゥ（p105）で使用。粒ごとのチャナダールで代用可能。

ウラッドダール

南インド料理によく使う豆で、ドーサ（p94）やイドゥリー（p98）の生地に使われる。ペーストにして揚げるとふっくら仕上がり、ウラッドダールで作るワダ（p126）もおすすめ。

ムングダール

緑豆を半割りにしたもの。入手しやすく、クセがなくて食べやすい。シンプルなダールカレー（p62）のほか、米とムングダールで作るおかゆ「ポンガル」（p89）で使用。

豆のゆで方

豆は料理する前に、それぞれ水につけてもどしておきます。

形を残す

豆を形のまま使いたい場合は、たっぷりの水でゆでます。下味をつける場合は、最初から塩を入れると豆が固くなるので、塩はある程度火が通ってから加えること。

ペーストにする

豆のゆで汁がそのままペーストの水分になるので、水の量に注意。豆の倍量の水とともに火にかけ、表面がわずかに沸く程度の弱火で煮ます。ペーストにした豆は、冷蔵庫で4〜5日保存可能。

豆が焦げないように弱火で煮る。水が足りなくなったら随時足す。

柔らかくなったらへらで煮崩しながら、水分をとばしてペースト状に。

カレーにコクととろみをつける

南インドでは、サンバルやラッサムなどに豆のペーストを加え、シンプルなカレーに豆の旨みやコク、そして濃度を加えます。ペーストの量は好みですが、たっぷり加えてどろりと仕上げたほうがリッチな印象です。

スパイス的に使う

豆をホールスパイスの感覚でテンパリングし、料理に加えます。乾燥豆をそのまま油で加熱することで、スパイスとはまた違う香ばしさと旨み、カリカリした食感が出てきます。料理に加えて香りと食感のアクセントに。豆はおもにチャナダールを使います。

南インド料理のキーワード3
ミールスはたのしい

「ミールス」は食事のこと。南インドでは、丸いトレーやバナナの葉にカレーやおかずを盛り込んだ「定食セット」を表す言葉になっています。北インドの「ターリー」と似ていますが、北インドではチャパティやナンなどを添えるのに対し、南インドは主食がごはん。そして基本的にベジ（肉・魚は使わない）という点が、大きな特徴です。

南インドの人にとって、ミールスは外で食べるもの。家で1回の食事に何品も用意するのは難しいですから、ミールス専門店や食堂に食べに行きます。一度にカレーもおかずもチャツネも……とあれこれ少しずつ食べられて嬉しいのは、日本人もインドの人も一緒。ミールスを食べに行くのは、楽しみなのです。お手頃なお店だと1食100円ほど、豪華なセットを提供するところでも400円くらい。どのお店もメニューは日替わりなので、毎日通っても飽きません。各店、ミールスを提供するのは基本的に午前中からお昼過ぎまで。夜食べるものではありません。

ミールスには特別なルールはなく、料理の組み合わせや提供法もさまざま。たとえば、サンバル(p52)やラッサム(p60)がトレーにのっているのをよく見かけますが、マストではありません。提供法で多いのは、丸いシルバーのトレーにバナナの葉を敷き、中央にごはんを盛り、その周りに小さな器によそったカレーやおかず、ピクルスやチャツネ、ヨーグルトを添えるパターン(p28)と、バナナの葉そのものを器にして、その上にあれこれ盛るパターン(p36)。後者の場合は、お店に入るとバナナの葉が置かれるので、テーブルに置いてある水でさっと葉の表面を洗い流し、その上に給仕の人に料理を盛ってもらいます。料理は選ばずに「全部盛り」が基本。インドでは、ごはんだけでなくカレーやおかずもおかわり自由な場合が多いので、おなかはいっぱいに。バナナの葉のミールスの場合は、葉を手前から二つに折りたたむと「ごちそうさま」の合図です。

ミールスは食べ方も自由です。日本では、まずそれぞれの料理の味を確かめてから、少しずつごはんにかけていく人が大半ですが、向こうでは、いきなりカレーもおかずもごはんにバーッとかけて混ぜながら食べる人がほとんど。カレーやおかずをごはんに混ぜながら食べ進め、飽きてきたら後半はピクルスやヨーグルトを加えて味に変化をつけたり、最後にバターミルクを飲んでさっぱりさせるのが定番です。

ミールスはここ数年、日本でも人気になり、提供するお店が増えています。あれこれ少しずつ食べられる「幕の内弁当」的なスタイルは、まさに日本人好み。北インドのリッチなカレーに比べて全体的に味わいがシンプル、野菜や豆が主体でどこか家庭的な南インドのカレーとお米の組み合わせは、日本人のDNAに訴えるものがあるのでしょう。すっかり浸透しつつあります。ここでは、定番のスタイルをはじめ、ビリヤーニをミールス仕立てにした例や、家庭やスリランカでよく見られるお皿にあれこれ盛り付けたラフなスタイルのミールスの例も紹介します。ぜひ、インドならではの混ぜて食べるおいしさを味わってください。

手で食べるのはインド料理の醍醐味。カレーやおかずとごはんを指先で混ぜ、三角形になるように軽く形を整えてから親指で押し出して口に運びます。

南インドを旅した際のスナップ。(上)チェンナイに店舗を展開するミールス専門店「サラヴァナバワン」のスペシャルミールス。料理の数の多さで人気のお店。トレーの中の器を外に出し、空いたスペースにごはんをよそってもらい、料理を混ぜながら食べる。(左・下左)広げたバナナの葉に料理を盛り込むのがミールスの定番。バナナの葉に水をかけてさっと洗い、そこに料理を盛ってもらう(バナナの葉は使い捨て)。ミールスは基本的にお代わり自由。葉をたたんで「ごちそうさま」を宣言する。(下中央)ミールスを食べるのはお昼どき。皿に盛り込むラフなスタイルも。

基本のミールス 1

丸いトレーにバナナの葉を敷き、そこにバスマティライスやカレーを盛るのはミールスの定番スタイル。ごはんとカレーを軸に、おかずやチャツネ、ピクルス、ヨーグルトなどを添えます。

1　フィッシュカレー (p47)
2　バスマティライス (p85)
3　ライムピクルス (p132)
4　ヨーグルト
5　ゴーヤのポリヤル (p108)
6　ポークビンダルー (p74)

基本のミールス 2

写真のように、カレーやおかずを入れた小さな器をトレーの外に出して提供するミールスも現地でよく見かけます。器のカレーも先に全部ごはんにかけ、混ぜながら食べていくのがインドの人の食べ方です。

1　ケララチキン（p41）
2　チキンクルマ（p76）
3　カーラン（p66）
4　キャベツのトーレン（p106）
5　バスマティライス（p85）
6　サンバル（p52）

ベジミールス

南インドのミールス店では、肉や魚を使わない「ベジミールス」が基本です。インドのベジタリアンは基本的に乳製品OK。ヨーグルトやギーを使ったカレーやおかずなど、さまざまな味が楽しめる点も魅力です。

1 ベジタブルビリヤーニ (p92)
2 クートゥ (p105)
3 ラッサム (p60)
4 モールコロンブ (p44)
5 マラバールサンバル (p54)
6 インゲンのトーレン (p107)

ノンベジミールス

少しグレードの高いレストランでは、魚や肉を使った「ノンベジ」のミールスも食べられます。また、ビリヤーニを頼むと、カレーやヨーグルトがセットになった写真のようなスタイルで出てきます。

1 チキンビリヤーニ (p90)
2 ヨーグルト
3 ケララシチュー (p64)
4 ポークロースト (p50)
5 トマトチャトゥニ (p136)

ハレの日のミールス

バナナの葉を広げたところにカレーやおかず、ピクルスなどを盛り込んだ「これぞ南インド！」なミールス。特別な日には品数が増えます。葉の上でスプーンは使いづらいもの。手で混ぜながらどうぞ。

1 ラッサム (p60)	5 アビエル (p103)	9 ポディ (p138)
2 サンバル (p52)	6 バスマティライス (p85)	10 ギー
3 キッチャディ (p111)	7 ダールカレー (p62)	11 レモンピクルス (p131)
4 バターミルク (p139)	8 インジカリ (p134)	12 ワダ (p127)
		13 バナナ

スリランカ風プレート

小さな器を使わず、ごはんもカレーもおかずもワンプレートに盛り込むのは、スリランカや南インドのおもに家庭で見られるスタイル。ざっくばらん、カジュアルな雰囲気が食欲をそそります。

1 　ビーフワラット（p80）
2 　チャンマンディ（p137）
3 　エッグマサラ（p82）
4 　ギーライス（p88）
5 　ミーンモーリー（p78）

南インドのカレー

南インドのカレーと聞いて思い浮かぶのは、サンバルやラッサムでしょうか。魚やエビなど海の幸のカレーでしょうか。マスタードシードやカレーリーフを使ったカレー、ヨーグルトで煮るシンプルな野菜カレー、ココナッツの旨みをベースにしたカレーなど、南インドのカレーもバラエティ豊か。おなじみチキンカレーや豆カレーも、北インドのものとはまた違う味わいです。

ケララ州フォート・コチの屋台

ケララチキン
基本のケララチキンカレー

ケララチキン
基本のケララチキンカレー

初めて南インドカレーを作るなら、ぜひこのケララチキンから挑戦してください。タマネギの切り方や炒め方、パウダースパイスの組み合わせ、ココナッツミルクでコクを出したら仕上げにテンパリングしたホールスパイスを加え、香りや辛みを鮮やかに効かせる……と、南インドの特徴がぎゅっと詰まっています。チキンは、ぜひ骨つきのモモ肉で。旨みが出てさらにおいしくなります。

材　料（4人分）

鶏モモ肉 … 2枚（600g）
タマネギ … 1個
ニンニク … 3かけ
ショウガ … 1かけ
青唐辛子 … 3本
ココナッツオイル … 大さじ4
パウダースパイス
　コリアンダー … 大さじ1
　パプリカ … 小さじ1
　ブラックペッパー … 小さじ1/2
　カイエンヌペッパー … 小さじ1/2
　ターメリック … 小さじ1/2

塩 … 小さじ1
トマト … 1個
水 … 300cc
ココナッツミルク … 200cc
テンパリング
　マスタードシード … 小さじ1/2
　カイエンヌペッパー … 小さじ1/2
　カレーリーフ … 1枝分
　赤唐辛子 … 6本
　ココナッツオイル … 大さじ2
香菜（ざく切り） … 適量

1 鶏モモ肉の皮を取り除き、ひと口大に切り分ける。＊インドでは基本的に皮は使わない。

2 タマネギは薄切り、ニンニク、ショウガはせん切り、青唐辛子は斜めに薄切りにする。トマトはざく切りにする。

3 パウダースパイスを用意する。

4 鍋にココナッツオイルを熱し、強めの中火でタマネギの水分をとばすように炒める。

5 しんなりしたら、ニンニク、ショウガ、青唐辛子を加え、タマネギがほんのり色づくまで炒める。

6 3を一度に加え、ざっと炒め合わせる。

7 少量の水（分量外）を加えてなじませる。
＊水を加えることでスパイスが焦げるのを防ぎ、香りをさらに立たせる。

8 塩とトマトを加え、なじませながら炒める。

9 トマトの形が半分ほど崩れてきたら、水を加えて強火にする。沸騰したら弱火にし、ふたをして煮る。

10 10分ほど煮ると写真のように全体がなじみ、表面に油が浮いてくる。

11 1の鶏モモ肉を加えて混ぜ、ココナッツミルクを加える。強火にして混ぜながら加熱し、沸いたら火を弱め、ふたをして10分ほど煮る。

12 鶏に火が通り、写真のように全体がなじみ、油が浮いてくる。＊ソースが乳化した状態。

13 テンパリング用スパイスを用意する。カイエンヌペッパーの量で辛さを調整する。

14 テンパリング。フライパンにココナッツオイルを熱し、マスターシードを入れる。

15 マスターシードがパチパチとはじけたらふたをする。おさまったら残りのスパイスを加える。スパイスが色づき、香りが出たら12に加える。

16 混ぜながら軽く煮立てて、スパイスの風味をなじませる。塩で味をととのえ、器に盛り香菜を散らす。

モールコロンブ
サトイモのヨーグルトカレー

モールはもともとバターミルク（p139）を指す言葉で、つまりヨーグルトベースの野菜カレーのこと。ヨーグルトを使ったカレーは南インドの特徴で、そのさっぱりとしたコクと旨みは食べ飽きず、クセになります。インドではヤーム（ゾウコンニャク）や青バナナで作ります。ジャガイモも合いますが、煮崩れやすいのでサトイモが作りやすいでしょう。

材　料（4人分）

サトイモ … 500g
ニンニク … 1かけ
ショウガ … 1かけ
青唐辛子 … 3本
ターメリック … 小さじ 1/2
水 … 200 cc
塩 … 小さじ 1
タマネギ … 1/2 個
ココナッツペースト
　ココナッツファイン … 50g
　クミンシード … 小さじ 1
　水 … 150 cc
ヨーグルト … 200g

テンパリング
　マスタードシード … 小さじ 1/2
　フェヌグリークシード … 小さじ 1/2
　カレーリーフ … 1 枝分
　赤唐辛子 … 3本
　カイエンヌペッパー … 少量
　ココナッツオイル … 大さじ 2

1 サトイモの皮をむき、水にさらしてぬめりをとる。食べやすい大きさに切る。

2 ニンニクとショウガはせん切りに、青唐辛子は1本を3等分にする。タマネギは薄切りにする。

3 鍋にサトイモ、ニンニク、ショウガ、青唐辛子、ターメリック、水、塩を入れ、混ぜながら火にかける。沸いたらふたをして弱火で5分ほど煮る。

4 タマネギを加え混ぜ、ふたをしてさらに5分煮る。＊少なめの水で蒸し煮にする。焦げないよう、水は随時足す。

5 ココナッツペースト。ココナッツファインとクミンシードをミキサーにかけ、水を少しずつ加えながら、粗めのペースト状にする。

6 5を4に加えて混ぜ合わせる。ミキサーに少量の水（分量外）を入れて残ったペーストをすすぎ、これも残さず加える。

7 ヨーグルトをよく混ぜてなめらかにする。
＊ヨーグルトはダマにならないよう、必ずなめらかにほぐしてから加える。

8 6が沸いたら火を弱めてヨーグルトを加え、全体になじませる。

9 塩で味をととのえる。
＊ヨーグルトが分離しないよう、加えたあとは絶対に煮立たせない。

10 テンパリング用のスパイスを用意する。

11 テンパリング。フライパンにココナッツオイルを熱し、マスタードシードとフェヌグリークシードを入れる。パチパチとはじけたらふたをする。

12 おさまったら残りのスパイスを加え、色づき、香りが出たら、9に加える。混ぜながら軽く煮立ててなじませる。塩で味をととのえる。

フィッシュカレー
タマリンドベースの魚のカレー

フィッシュカレー
タマリンドベースの魚のカレー

魚のカレーは南インドの代名詞。とくに、タマリンドの酸味と旨み、魚から出るだしがあいまったこのフィッシュカレーは、一度食べたら忘れられない味です。おいしく作るポイントは、油をたっぷり使うこと。スパイスの香りをしっかり移した油が、カレーの表面にうっすら浮いてくるくらいがベストです。お好みの魚で楽しんでください。

材 料（4人分）

アジ … 4尾（1尾約200g）
タマネギ … 1個
ニンニク … 2かけ
ショウガ … 2かけ
青唐辛子 … 4本
トマト … 1個
＊ タマリンド … 20g
　 ぬるま湯 … 600cc
ココナッツオイル … 大さじ4
塩 … 小さじ1

パウダースパイス
｜コリアンダー … 大さじ1
｜パプリカ … 小さじ1
｜フェヌグリーク … 小さじ1/2
｜ターメリック … 小さじ1/2
｜カイエンヌペッパー … 小さじ1/2

テンパリング
｜マスタードシード … 小さじ1/2
｜カイエンヌペッパー … 小さじ1/2
｜カレーリーフ … 1枝分
｜赤唐辛子 … 5本
｜ココナッツオイル … 大さじ2

1 タマネギは薄切りに、ニンニク、ショウガはせん切りに、青唐辛子は斜め薄切りにする。トマトはざく切りにする。

2 タマリンドをぬるま湯に10分ほどつけてふやかす。柔らかくなったら指でほぐし、さらに10分ほどおく。
＊タマリンドの準備はp19 参照。

3 パウダースパイスを用意する。＊魚のカレーはフェヌグリークが味の決め手。

4 アジのウロコを取り除き、頭を切り落とす。切り口から内臓を指でかき出し、血合いを水で洗い流す。

5 「ぜいご」という写真の固い部分を、尾のほうからすき引きにして取り除く。

6 身を3等分に切る。

7 鍋にココナッツオイルを熱し、強めの中火でタマネギの水分をとばすように炒める。しんなりしたら、ニンニク、ショウガ、青唐辛子を加えて炒める。

8 タマネギがほんのり色づいたら3を一度に加え、ざっと炒め合わせる。

9 少量の水（分量外）を加え、なじませながらスパイスの香りを立たせる。

10 トマトを加えて炒め合わせる。2を手で漉し入れ、手に残ったタマリンドをぎゅっと握り、液体を絞りきる。

11 塩を加え、沸騰したらふたをし、弱火にして10分ほど煮る。トマトが煮崩れて全体がなじみ、表面に油が浮いてくる。

12 6のアジを加え、身が崩れないよう鍋を動かして煮汁を全体になじませる。ふたをして弱火で10分ほど煮る。

13 テンパリング用のスパイスを用意する。

14 テンパリング。フライパンにココナッツオイルを熱し、マスタードシードを入れる。パチパチとはじけたらふたをし、おさまったら残りのスパイスを加える。

15 スパイスが色づき、香りが出たら、12に加える。混ぜながら軽く煮立ててなじませる。塩で味をととのえる。

ポークロースト
豚肉とココナッツのスパイス煮込み

カレーのソースのことを「グレービー」と言いますが、一番グレービーが濃厚なのがこのポークロースト。パウダースパイスをたっぷり使ったドライタイプのカレーで、豚肉や牛肉、マトンなどで作ります。味も濃度もしっかりですが、フェンネルシードとシナモンの爽やかな香りと仕上げに加える酢で、案外さっぱり食べられます。

材　料（4人分）

豚肩ロース肉 … 500g
タマネギ … 1個
ニンニク … 2かけ
ショウガ … 1かけ
青唐辛子 … 3本
トマト … 1個
ココナッツペースト
　ココナッツファイン … 40g
　赤唐辛子 … 4本
　水 … 100cc
　サラダオイル … 大さじ1
ゴマ油 … 大さじ4

ホールスパイス
　フェンネルシード … 小さじ1/2
　シナモンカシア* … 2片
パウダースパイス
　コリアンダー … 大さじ1
　ガラムマサラ … 小さじ1
　ターメリック … 小さじ1/2
　カイエンヌペッパー … 小さじ1/2
塩 … 小さじ1
水 … 200cc
酢 … 大さじ1

＊シナモンスティック1本で代用可。

1 豚肩ロース肉をひと口大に切る。タマネギは薄切り、ニンニクとショウガはせん切り、青唐辛子は斜め薄切りにする。トマトはざく切りにする。

2 ホールスパイスとパウダースパイスをそれぞれ用意する。

3 ココナッツペーストを作る。フライパンにサラダオイルを熱し、ココナッツファインと赤唐辛子を炒めて全体に香ばしく色づける。

4 水を少しずつ加えながらミキサーにかけてペースト状にする。＊完全なペーストにはならない。赤唐辛子がつぶれたらOK。

5 鍋にゴマ油を熱し、ホールスパイスをさっと炒める。タマネギを加え、しんなりしたらニンニク、ショウガ、青唐辛子を加え、タマネギがほんのり色づくまで炒める。

6 パウダースパイスと塩、少量の水（分量外）を加え、なじませる。トマトを加え、形が半分ほど崩れたら水を注ぐ。ふたをして弱火で5分ほど煮る。

7 トマトが煮崩れたら4のペースト、1の豚肉を順に加えて混ぜ合わせる。ふたをして5分ほど煮る。

8 酢を加え、酸をとばす。豚肉が柔らかくなり、とろみが出るまで弱火で30分ほど煮る。塩で味をととのえる。
＊水が足りなくなったら随時足す。

サンバル

豆と野菜のカレー

サンバルは南インドを代表するカレー。ミールスはもちろん、揚げものにもついてきたり、家でも外食でもよく食べます。豆の旨み、タマリンドのコクと酸味、具だくさんの野菜が特徴で、ニンニクやショウガを使わないので、毎日食べられる味噌汁のような存在です。豆を崩れるまで柔らかく煮て、カレーにコクを与えつつ濃度をつけるのが南インド流。「サンバルマサラ」と言われるオリジナルのスパイスの組合せがあり、それが家庭ごと、レストランごとの味になっています。冬瓜、サトイモ、ニンジンなど好みの野菜でどうぞ。

材　料（4人分）

豆（トゥールダール） … 150g
ターメリック　小さじ1
＊ タマリンド … 20g
　 ぬるま湯 … 500cc
ジャガイモ（皮つき・ひと口大に切る）
　　　　　　　　　　… 300g
大根（ひと口大に切る） … 300g
ナス（ひと口大に切る） … 200g
タマネギ（ひと口大に切る） … 1/2個
トマト（ざく切り） … 1個
塩 … 小さじ1強

パウダースパイス
　コリアンダー … 小さじ2
　カイエンヌペッパー … 小さじ1/2
　ヒン … 小さじ1/3
テンパリング
　マスタードシード … 小さじ1/2
　赤唐辛子 … 4本
　カイエンヌペッパー … 小さじ1/4
　ヒン … 小さじ1/4
　サラダオイル … 大さじ4
香菜（ざく切り） … 適量

＊タマリンドをぬるま湯でもどし、p19の要領で準備する。

1 トゥールダールを水に3時間ほどつけてもどす。たっぷりの水とともに鍋に入れ、火にかける。

2 沸いたらターメリックを加え、水を足しながら崩れるまで1時間ほど煮る。混ぜながら水分をとばし、ペースト状にする。

3 パウダースパイスを用意する。

4 鍋にタマリンドの絞り汁を手で濾し入れる。手に残ったタマリンドをぎゅっと握り、液体を絞りきる。

5 4にジャガイモと大根、パウダースパイスを入れて火にかける。沸いたらタマネギ、トマト、塩を加え、弱火にしてふたをし、10分ほど煮る。

6 野菜に火が通ったらナスを加え、さっと煮る。2の豆を加え、軽くひと煮立ちさせる。

7 テンパリング用のスパイスを用意する。

8 鍋にサラダオイルを熱し、マスタードシードを入れる。パチパチとはじけたらふたをし、おさまったら残りのスパイスを加える。

9 スパイスが色づき、香りが出たら6に加える。混ぜながら軽く煮立ててなじませる。塩で味をととのえ、香菜を加える。

マラバールサンバル
ココナッツ入り豆と野菜のカレー

ローストしたココナッツを加えるのが、マラバール地方のサンバルです。豆やスパイスをたくさん加えることで、リッチな味わいに。なかでも、香りと旨み、とろみをもたらすコリアンダーはサンバルに欠かせないスパイス。テンパリングの代わりに、先にホールスパイスを炒め、そこに野菜を加えていくので作り方も簡単。インドでは野菜をくたくたに煮ますが、日本人好みに食感を残して仕上げます。

材　料（4人分）

豆（トゥールダール）… 150g
ターメリック … 小さじ1
タマネギ（ひと口大に切る）… ½個
ナス（3cm長さに切る）… 2本
インゲン（3cm長さに切る）… 50g
赤パプリカ（3cm長さに切る）… 1個
ニンジン（3cm長さに切る）… ½本
カリフラワー（小房に分ける）… ½個

ココナッツペースト
| フェヌグリークシード … 小さじ½
| 赤唐辛子 … 6本
| クミンシード … 小さじ1
| コリアンダーシード … 大さじ3
| ヒン … 小さじ⅓
| ココナッツファイン … 大さじ5
*| タマリンド … 20g
 | ぬるま湯 … 400cc

＊タマリンドはぬるま湯でもどし、p19の要領で準備する。

ホールスパイス
| マスタードシード … 小さじ½
| クミンシード … 小さじ½
| カレーリーフ … 1枝分
| 赤唐辛子 … 3本
トマト（ざく切り）… 1個
コリアンダーパウダー … 大さじ1
塩 … 小さじ1強
サラダオイル … 大さじ3
香菜（ざく切り）… 適量

1 p53「サンバル」1～2の要領で豆をターメリックとともに崩れるまで煮る。混ぜながら水分をとばし、ペースト状にする。

2 ココナッツペースト用のスパイスを用意する。
＊サンバルの味の決め手。インドでは家ごとにオリジナルの組合せがある。

3 ココナッツペースト。ヒン以外の2をフライパンに入れ、色づくまでから煎りする。ヒンとココナッツファインを加え、焦げないようにじっくり炒める。

4 ココナッツの甘い香りが立ち、香ばしく色づいたらミルで挽く。＊赤唐辛子は細かくならなくてもよい。

5 ホールスパイスを用意する。鍋にサラダオイルを熱し、マスタードシードを入れる。パチパチはじけたらふたをする。

6 おさまったら残りのスパイスを加え、色づき、香りが出たらタマネギ、ニンジンを順に炒める。

7 タマリンドの絞り汁を手で漉し入れる。トマト、塩、コリアンダーパウダー、4を加え、ふたをして5分ほど煮る。残りの野菜を加える。＊コリアンダーで旨み、香り、とろみをつける。

8 野菜に火が通ったら1の豆を加え、混ぜ合わせる。塩で味をととのえ、香菜を加える。

バルタラッチャチキン
ローストココナッツのチキンカレー

「バルタラッチャ」は「ローストしたものをペーストにする」という意味。じっくりローストして香りと香ばしさを充分に出したスパイスとココナッツで作るペーストが、カレーに深いコクを与えます。同じ鶏モモ肉でも、ケララチキンとはまた違うおいしさ。豚の肩ロースやモモで作るのもおすすめです。

材料（4人分）

鶏モモ肉（皮を除き、ひと口大に切る）
　　　　　　　　… 2枚（600g）
タマネギ（薄切り）… 1個
A ┃ ニンニク（せん切り）… 3かけ
　 ┃ ショウガ（せん切り）… 1かけ
　 ┃ 青唐辛子（斜め薄切り）… 3本分
トマト（ざく切り）… 1/2個（ざく切り）
ココナッツペースト
　┃ ココナッツファイン … 60g
　┃ タマネギ（粗みじん切り）… 大さじ2
　┃ カレーリーフ … 1枝分
　┃ 赤唐辛子 … 5本
　┃ ブラックペッパー（ホール）… 小さじ1

パウダースパイス
　┃ コリアンダー … 大さじ1
　┃ ガラムマサラ … 小さじ1
　┃ カイエンヌペッパー … 小さじ1/2
　┃ ターメリック … 小さじ1/2
水 … 200cc
塩 … 小さじ1弱
ココナッツオイル … 大さじ4

テンパリング
　┃ マスタードシード … 小さじ1/2
　┃ カレーリーフ … 1枝分
　┃ 赤唐辛子 … 4本
　┃ ココナッツオイル … 大さじ2

1 ココナッツペーストを作る。フライパンにココナッツファイン以外の材料を入れ、から煎りする。香りが出たらココナッツファインを加え、じっくり色づける。

2 1をミキサーに入れる。全体が湿る程度の水（分量外）を加え、ペースト状になるまで回す。

3 パウダースパイスを用意する。

4 鍋にココナッツオイルを熱し、タマネギを炒める。しんなりしたらAを加え、炒め合わせる。タマネギがほんのり色づいたらパウダースパイス、少量の水（分量外）を順に加える。

5 なじませてスパイスの香りが出たら、トマト、2のペーストを順に加えて5分ほど炒め合わせる。水と塩を加え、ふたをして弱火で10分ほど煮る。

6 鶏モモ肉を加え、混ぜ合わせる。沸いたらふたをして弱火で10分ほど煮る。
＊水分が少なく感じるが、鶏からも水が出てくる。

7 テンパリング用スパイスを用意する。フライパンにココナッツオイルを熱し、マスタードシードを入れる。パチパチはじけたらふたをする。

8 おさまったら残りのスパイスを加える。色づき、香りが出たら6に加える。混ぜながら軽く煮立ててなじませ、塩で味をととのえる。

ゴアンプロウン
ゴア式エビカレー

南インド・ゴア州のエビのカレーです。p47「フィッシュカレー」と似ていますが、タマリンドの代わりに酢を使って甘酸っぱさと旨みをプラス。コリアンダーやフェヌグリークの香り、ココナッツミルクのコクが、複雑なおいしさを作ります。仕上げのテンパリングはせず、先にスパイスを炒めて香りを引き出したところにエビを加え、固くならないよう手早く仕上げます。

材　料（4人分）

エビ（ブラックタイガー）… 14尾
タマネギ（薄切り）… 1個
ホールスパイス
　マスタードシード … 小さじ1/2
　カレーリーフ … 1枝分
　赤唐辛子 … 4本
ニンニク（せん切り）… 2かけ
ショウガ（せん切り）… 1かけ
青唐辛子（斜め薄切り）… 3本
ココナッツオイル … 大さじ4

パウダースパイス
　コリアンダー … 小さじ2
　フェヌグリーク … 小さじ1/2
　ターメリック … 小さじ1/2
　カイエンヌペッパー … 小さじ1/2
　パプリカ … 小さじ1/2
トマト（ざく切り）… 1個
塩 … 小さじ1
ココナッツミルク … 300cc
水 … 200cc
酢 … 小さじ2
香菜（ざく切り）… 適量

作り方

1. エビの殻をむいて水で洗い、背ワタを取り除く。背に切り込みを入れる。

2. ホールスパイス（i）とパウダースパイス（ii）をそれぞれ用意する。

3. 鍋にココナッツオイルを熱し、マスタードシードを入れる。パチパチとはじけたらふたをし、おさまったらカレーリーフと赤唐辛子を加え、香りが立ったらタマネギを加えてしんなりするまで炒める。

4. ニンニク、ショウガ、青唐辛子を加えて炒める。タマネギがほんのり色づいたらパウダースパイスと塩、少量の水（分量外）を加え、なじませながらスパイスの香りを立たせる。

5. トマトを加えて炒め、形が半分ほど崩れてきたらココナッツミルクと水を加え、混ぜ合わせる。沸いたら弱火にしてふたをし、10分ほど煮る（a）。

6. 1のエビを加えて混ぜ合わせ（b）、ふたをして2〜3分煮る。塩で味をととのえる。仕上げに酢を加えて酸をとばし、香菜を加える。

i

ii

a

b

ラッサム
黒コショウの酸味スープ

酸っぱくてサラサラとスープのようなラッサムは、南インドの名物。スパイスはホールをローストし、砕いて使うといっそうブラックペッパーの辛みやクミンの香り、タマリンドの酸味が際立ちます。豆のペーストを加えるのは、レストラン仕様。甘みととろみが加わりリッチになりますが、豆が入らない、よりサラサラのラッサムもおいしいです。いずれにしても、塩をしっかり効かせること。足りないとパンチに欠けた、ぼやけた味になります。

材料（4人分）

豆（トゥールダール）… 100g
ブラックペッパー（ホール）… 小さじ1
クミンシード … 小さじ1
水 … 700cc
青唐辛子（切り込みを入れる）… 3本
ニンニク（手で押しつぶす）… 2かけ
トマト（ざく切り）… 1個
＊ タマリンド … 25g
　 ぬるま湯 … 300cc
パウダースパイス
　カイエンヌペッパー … 小さじ1
　パプリカ … 小さじ1
　ターメリック … 小さじ1/2
塩 … 小さじ2

テンパリング
　マスタードシード … 小さじ1/2
　フェヌグリークシード … 小さじ1/2
　カレーリーフ … 1枝分
　赤唐辛子 … 3本
　豆（チャナダール）… 小さじ1
　サラダオイル … 大さじ3
香菜（ざく切り）… 適量

＊タマリンドはぬるま湯でもどし、
　p19の要領で準備する。

作り方

1. p53「サンバル」1〜2の要領で豆を崩れるまで煮る。混ぜながら水分をとばし、ペースト状にする。

2. ブラックペッパーとクミンシードとパウダースパイス（ⅰ）、テンパリング用スパイス（ⅱ）を用意する。

3. フライパンにブラックペッパーとクミンシードを入れて中火にかけ、から煎りする。クミンが色づいたら一緒に取り出し、押しつぶして砕く（a）。
＊粗熱をとってビニール袋に入れ、麺棒などで叩いてもよい。

4. 鍋に水、3、青唐辛子、ニンニク、トマトを入れて火にかける。タマリンドの絞り汁を手で漉し入れ、パウダースパイス、塩も加える（b）。沸騰したら弱火にし、ふたをして10〜15分煮る。

5. 1の豆を加えて混ぜ合わせる（c）。

6. テンパリング。フライパンにサラダオイルを熱し、マスタードシードとフェヌグリークシードを入れる。パチパチとはじけたらふたをし、おさまったら残りのスパイスを加える。

7. スパイスが色づき、香りが出たら5に加える（d）。混ぜながら軽く煮立ててなじませる。塩で味をととのえ、香菜を加える。

ⅰ

ⅱ

a

b

c

d

ダールカレー
南インドの豆カレー

ムングダール（緑豆）とタマネギを煮込んだシンプルな豆カレーは、インドの全土どこでも食べられる、いわば国民食です。北インドの豆カレーにはクミンが不可欠なのに対し、マスタードシードや青唐辛子を使うのが南インド流。豆のカレーは単調になりがちなので、ニンニクの量を増やし、粗めに切ることで味にパンチをもたせました。

材　料（4人分）

豆（ムングダール）… 250g
水 … 1.5ℓ
ターメリック … 小さじ1

ホールスパイス
　マスタードシード … 小さじ1/2
　赤唐辛子（半分に割り、種をとる）
　　　　　　　　　　　… 3本

サラダオイル … 大さじ3
タマネギ（粗みじん切り）… 1/2個
青唐辛子（みじん切り）… 2本
ニンニク（粗みじん切り）… 3かけ
ショウガ（みじん切り）… 1かけ

パウダースパイス
　コリアンダー … 大さじ1
　カイエンヌペッパー … 小さじ1/2
　クミン … 小さじ1/2
　ヒン … 小さじ1/4

塩 … 小さじ1
トマト（ざく切り）… 1個
香菜（ざく切り）… 適量

作り方

1 豆はさっと水洗いし、1時間ほど水につける。水気をきって鍋に入れ、水とターメリックも入れて豆が柔らかく煮崩れるくらいまで30分ほど煮る（a）。
＊水が減ったら随時足す。

2 ホールスパイス（ⅰ）とパウダースパイス（ⅱ）を用意する。

3 鍋にサラダオイルを熱し、マスタードシードを入れる。パチパチとはじけたらふたをし、おさまったら赤唐辛子を加える。タマネギを加え、しんなりしたら青唐辛子、ニンニク、ショウガを加え、タマネギがほんのり色づくまで炒める。

4 パウダースパイス、塩、少量の水（分量外）を加え、なじませながらスパイスの香りを立たせる。トマトを加え、形が半分ほど崩れるまで炒め合わせる。

5 1の豆を加え、底から混ぜてなじませる（b）。好みの濃度になるまで煮詰め、塩で味をととのえる。香菜を加える。

ⅰ　　　　ⅱ

a　　　　b

ケララシチュー
ケララ式ココナッツカレー

ココナッツミルクで煮込む、クリームシチューのような白いカレー。南インドでは生のココナッツの絞り汁で作ります。ニンニクやパウダースパイスを使わないのは、ココナッツミルクの風味と白さを生かすため。ニンジンやインゲン、グリーンピースなど色鮮やかな野菜で作りましょう。

材料（4人分）

鶏モモ肉（皮を除き、ひと口大に切る）
　… 2枚（600g）
ニンジン（2cm角切り）… 150g
ジャガイモ（2cm角切り）… 300g
インゲン（2cm幅に切る）… 100g
ホールスパイス
　カルダモン … 10粒
　シナモンカシア* … 2片
　クローブ … 12粒
ギー … 大さじ3
水 … 400cc
タマネギ（ざく切り）… 1/2個
ショウガ（薄切り）… 3枚
青唐辛子（切り込みを入れる）… 2本
塩 … 小さじ1
ココナッツミルク … 400cc

＊シナモンスティック1本で代用可。

作り方

1. ホールスパイス（i）を用意する。

2. 鍋にギーを入れて熱し、溶けたら1のホールスパイスを入れる。香りが出たら、ニンジン、ジャガイモを順に入れて炒める（a）。

3. 全体に油がなじんだら、水を加える。沸いたら鶏モモ肉、タマネギ、ショウガ、青唐辛子、塩を加えて混ぜ合わせる（b）。再度沸騰したら弱火にし、ふたをして5分ほど煮る。

4. インゲン、混ぜてなめらかにしたココナッツミルクを加え、底から混ぜる（c）。沸いたら弱火にして10分ほど煮る。野菜に火が通ったら塩で味をととのえる。

i

a

b

c

カーラン
サトイモのココナッツカレー

ココナッツとヨーグルトのやさしいカレーです。p44「モールコロンブ」と似ていますが、タマネギやニンニク、ショウガを使わないので味わいはさらにシンプル。インドではヤーム(ゾウコンニャク)や若いバナナを使いますが、日本ではサトイモで。冬瓜で作るのもおいしいです。

材　料（4人分）

サトイモ … 500g
青唐辛子（切り込みを入れる）… 3本
ココナッツペースト
　ココナッツファイン … 50g
　クミンシード … 小さじ 1/2
　水 … 60〜70cc
＊
　タマリンド … 15g
　ぬるま湯 … 200cc
パウダースパイス
　ターメリック … 小さじ 1/4
　パプリカ … 小さじ 1/4
　フェヌグリーク … 小さじ 1/4
　ブラックペッパー … ふたつまみ
水 … 100cc
ヨーグルト … 200g
塩 … 小さじ 1/2

テンパリング
　マスタードシード … 小さじ 1/2
　カレーリーフ … 1枝
　赤唐辛子 … 2本
　ココナッツオイル … 大さじ 2

＊タマリンドをぬるま湯でもどし、
　p19の要領で準備しておく。

作り方

1　サトイモの皮をむき、ひと口大に切る。パウダースパイス（ⅰ）とテンパリング用スパイス（ⅱ）を用意する。

2　ココナッツペーストを作る。材料をすべてミキサーにかけてペースト状にする（a）。＊完全になめらかなペーストにはならないが、そのほうがココナッツの食感があっておいしい。

3　鍋にタマリンドの絞り汁を手で漉し入れる。1のサトイモ、青唐辛子、パウダースパイス、塩を入れ、混ぜながら中火にかける。

4　沸騰したら弱火にしてふたをし、7〜8分煮る。サトイモに火が通ったら、2のペーストを加え、全体になじませる（b）。水を加えてペーストをのばし、ひと煮立ちさせる。火を止め、よく混ぜてなめらかにしたヨーグルトを加える（c）。弱火にかけ、塩で味をととのえる。＊ヨーグルトが分離するので、沸騰させない。

5　テンパリング。鍋にココナッツオイルを入れて熱し、マスタードシードを入れる。パチパチとはじけたらふたをし、おさまったら残りのスパイスを加える。

6　赤唐辛子が色づき、香りが出たら、4に加える。混ぜながら軽く煮立ててなじませる。塩で味をととのえる。

ⅰ

ⅱ

a

b

c

オーラン
豆と大根の白いカレー

インドではオーランに冬瓜を使うのが主流ですが、手に入りやすい大根でもおいしく作れます。ココナッツミルクのきれいな白とやさしい味わいを残すため、パウダースパイスは使わずに、テンパリングしたホールスパイスの香りを生かします。

材料（4人分）

豆（レッドアイグラム）* … 100g
大根（2〜3cmの角切りにする）… 400g
青唐辛子（切り込みを入れる）… 3本
カレーリーフA … 1/2枝分
塩 … 小さじ1/2
水 … 200cc
ココナッツミルク … 300cc
テンパリング
　マスタードシード … 小さじ1/2
　カレーリーフB … 1/2枝分
　赤唐辛子 … 2本
　ココナッツオイル … 大さじ1

*レッドアイグラムはp24参照。白インゲン豆やレッドキドニーの水煮でも代用可。

作り方

1. 豆を軽く水洗いし、1時間ほど水につける。たっぷりの水で、柔らかくなるまで30分ほどゆでる。ザルにあけて水気をきる（a）。

2. テンパリング用スパイス（i）を用意する。

3. 鍋に大根、青唐辛子、カレーリーフA、塩、水を入れて火にかけ、沸いたら弱火にしてふたをし、7〜8分蒸し煮にする。

4. 大根に火が通ったら、混ぜてなめらかにしたココナッツミルクを加え、弱火で4〜5分煮る（b）。1の豆を加え、底から混ぜてなじませる（c）。

5. テンパリング。フライパンにココナッツオイルを熱し、マスタードシードを入れる。パチパチはじけたらふたをし、おさまったら残りのスパイスを加える。色づき、香りが出たら4に加え、混ぜながら軽く煮立ててなじませる。塩で味をととのえる。

i

a

b

c

ティーエル
タマリンドベースのナスカレー

しっかり効かせたタマリンドの酸味とコク、ココナッツのシャキシャキ感とスパイスの香ばしさが、淡白なナスによく合います。インドではナスをくたくたになるまで煮ますが、日本人好みに形や食感を残して仕上げました。ナス以外にオクラやジャガイモ、エビなどで作ってもおいしい。

材料（4人分）

ナス（長さ3cmの長方体に切る）… 2本
ココナッツペースト
- マスタードシード … 小さじ1/2
- 赤唐辛子 … 5本
- フェヌグリークシード … 小さじ1/2
- ニンニク（つぶす）… 2かけ
- ココナッツファイン … 50g
- ココナッツオイル … 大さじ1
- 水 … 約100cc

ホールスパイス
- マスタードシード … 小さじ1/2
- カレーリーフ … 1枝分
- 赤唐辛子 … 3本

タマネギ（薄切り）… 1/2個
ココナッツオイル … 大さじ3
パウダースパイス
- コリアンダー … 大さじ1
- ターメリック … 小さじ1/2

塩 … 小さじ1弱

* タマリンド … 10g
　ぬるま湯 … 200cc

*タマリンドはぬるま湯でもどし、p19の要領で準備する。

作り方

1 ココナッツペースト用のスパイス（i）を用意する。フライパンにマスタードシード、赤唐辛子、フェヌグリークシードを入れ、軽く色づくまでから煎りする。

2 1を取り出し、同じフライパンにココナッツオイルを熱し、ニンニクとココナッツファインをじっくり煎って香ばしさを出す。1とともにミキサーにかけ、水を少しずつ加えながらペースト状にする（a）。

3 ホールスパイス（ii）とパウダースパイス（iii）を用意する。鍋にココナッツオイルを熱し、マスタードシードを入れる。パチパチとはじけたらふたをし、おさまったらカレーリーフと赤唐辛子を入れ、タマネギも加えて炒める。タマネギがしんなりしたらパウダースパイスと塩、少量の水（分量外）を加え、なじませながらスパイスの香りを立たせる（b）。

4 2のココナッツペーストを加え、混ぜ合わせる。タマリンドの絞り汁を手で漉し入れ、沸いたら弱火にし、ふたをして5〜6分煮る。

5 ナスを加えて混ぜ（c）、ふたをして5分ほど蒸し煮にする。水分が足りなければ水を加える。塩で味をととのえる。

i

ii

iii

a

b

c

ウェンダッキャプルシェーリー
オクラのヨーグルトカレー

「ウェンダッキャ」はオクラの意味、「プルシェーリー」はヨーグルトベースのカレーを指します。オクラも入れないプレーンもおすすめ。パイナップルで作る甘酸っぱいプルシェーリーもおいしいです。ヨーグルトが分離するので、くれぐれも煮立たせないようにします。

材料（4人分）

- オクラ … 180g
- ホールスパイス
  - マスタードシード … 小さじ1/2
  - フェヌグリーク … 小さじ1/2
  - クミンシード … 小さじ1/2
  - カレーリーフ … 1枝分
- タマネギ（粗みじん切り）… 1/2個
- ニンニク（みじん切り）… 1かけ
- ショウガ（みじん切り）… 1かけ
- ターメリック … 小さじ1/2
- 塩 … 小さじ1/2
- 水 … 100cc
- ヨーグルト … 200g
- ココナッツオイル … 大さじ3

作り方

1 オクラはヘタを切り落として1cm幅の輪切りにする。

2 ホールスパイス（i）を用意する。鍋にココナッツオイルを熱し、マスタードシードを入れる。パチパチとはじけたらふたをし、おさまったら残りのスパイスを加えて香りを出す。

3 タマネギ、ニンニク、ショウガを加えて炒め、タマネギがしんなりしたら1のオクラとターメリックを加えてさっと炒め合わせる（a）。塩と水を加え、ふたをして2～3分蒸し煮にする（b）。

4 オクラに火が通ったら火を止める。よく混ぜてなめらかにしたヨーグルトを加え（c）、弱火にかけてなじませる。塩で味をととのえる。＊ヨーグルトを加えたら沸騰させないこと。

i

a

b

c

ポークビンダルー

酸味の効いたゴア式豚肉カレー

アラビア海に面したゴア州の郷土料理です。かつてポルトガル領だった影響を色濃く残し、インド料理では珍しく白ワインや白ワインヴィネガーを使います。地元ゴアでは、ヤシが原料の地酒「フェニー」を使うこともあります。

材 料（4人分）

豚肩ロース肉 … 500g
マリネ用材料
　ホールスパイス A
　　カルダモン … 3粒
　　クローブ … 10粒
　　メース … 2片
　　クミンシード … 小さじ1
　　赤唐辛子 … 6本
　　シナモンカシア* … 大1片
　ニンニク（すりおろし）… 大さじ3
　ショウガ（すりおろし）… 小さじ1
　白ワインヴィネガー … 50cc
　白ワイン … 大さじ2
　パウダースパイス
　　コリアンダー … 大さじ1
　　ガラムマサラ … 小さじ1
　　パプリカ … 小さじ1
　　ターメリック … 小さじ1/2
　塩 … 小さじ1/4

ホールスパイス B
　カルダモン … 10粒
　スターアニス … 1個
　シナモンカシア* … 2片
タマネギ（粗みじん切り）… 1個
青唐辛子（みじん切り）… 2本
トマト（ざく切り）… 1個
水 … 300cc
塩 … 小さじ1
黒糖 … 5g
ココナッツオイル … 大さじ4

*シナモンスティック1本で代用可。

作り方

1. 豚肩ロース肉をひと口大に切る。

2. マリネ用のホールスパイスA（ⅰ）とパウダースパイス（ⅱ）を用意する。

3. ホールスパイスAをミルで粉末状に挽く。ボウルに移し、ニンニク、ショウガ、白ワインヴィネガー、白ワインを加えて混ぜ合わせる（a）。パウダースパイスと塩も加え、混ぜる。1の豚肉にしっかりからめ、3時間以上冷蔵庫でマリネする（b）。*使う30分前に冷蔵庫から出し、肉を室温にもどしておく。

4. ホールスパイスB（ⅲ）を用意する。鍋にココナッツオイルを熱し、ホールスパイスを炒める。香りが出てきたらタマネギ、青唐辛子を順に加え、タマネギがほんのり色づくまで炒める。

5. 3をマリネした液体ごと加え（c）、炒め合わせる。トマトを加えてさらに炒め、水、塩、黒糖を加える（d）。ふたをして弱火にし、豚肉が柔らかくなるまで30分ほど煮る。塩で味をととのえる。
*水が減ったら随時足す。

ⅰ　　　　ⅱ　　　　ⅲ

a　　　b　　　c　　　d

チキンクルマ
チキンのコルマカレー

北インドではカシューナッツをベースにしたカレーを「コルマ」と呼ぶのに対し、南インドではそこにココナッツを加えたものを「クルマ」と呼んでいます。ホールスパイスにフェンネルシードを使うのが特徴で、コクのあるカレーの中に爽やかなニュアンスをもたらします。

材　料（4人分）

鶏モモ肉（皮を除き、ひと口大に切る）
　　　　　　　　　… 2枚（600g）
ヨーグルト … 150g
カシューナッツ* … 50g
ホールスパイス
　フェンネルシード … 小さじ1/2
　クローブ … 10粒
　カルダモン … 10粒
　シナモンカシア* … 1片
　メース … 2〜3片
　ローリエ … 1枚
ココナッツオイル … 大さじ4
タマネギ（粗みじん切り）… 1個
ニンニク（みじん切り）… 1かけ
ショウガ（みじん切り）… 1かけ
青唐辛子（みじん切り）… 3本

パウダースパイス
　コリアンダー … 小さじ2
　ガラムマサラ … 小さじ1
　クミン … 小さじ1/2
塩 … 小さじ1
ココナッツミルク … 200cc
牛乳（または水）… 60〜70cc

＊カシューナッツはゆでるので、塩味がついたものでも構わない。
＊シナモンカシアはシナモンスティック1本で代用可。

作り方

1 鶏モモ肉をヨーグルトと混ぜ、冷蔵庫で3時間以上マリネする（a）。＊使う30分前に冷蔵庫から出し、肉を室温にもどしておく。

2 カシューナッツを柔らかくなるまで5分ほどゆで、水気をきる。少量の水（分量外）とともにミキサーにかけてなめらかなペーストにする。

3 ホールスパイス（i）とパウダースパイス（ii）を用意する。鍋にココナッツオイルを熱し、ホールスパイスを入れる。香りが出てきたらタマネギを入れて炒める。しんなりしたらニンニク、ショウガ、青唐辛子を加え、タマネギがほんのり色づくまで炒める。

4 パウダースパイスを一度に加え、全体になじませる。2のペーストを加え、炒め合わせる（b）。

5 1の鶏肉をヨーグルトごと加え、底から混ぜてなじませる。塩、ココナッツミルク、牛乳を順に加えてそのつど混ぜ合わせ（c）、沸騰したら弱火にしてふたをし、時々混ぜながら10分ほど煮る。＊乳製品やカシューナッツが入っていると焦げやすいので注意。

6 鶏肉に火が通ったら、ふたをはずして好みの濃度になるまで煮る。香りづけにココナッツオイルを大さじ1（分量外）ほど加え、塩で味をととのえる。

i

ii

a

b

c

ミーンモーリー
ココナッツとレモンの魚カレー

タマリンドを使わず、レモンの爽やかな酸味とココナッツミルクのコクを生かした魚のカレーは、レストランでも家庭でも食べられます。一尾ごと使うダイナミックさは、なんともインドらしい雰囲気。タマネギやトマトの形と食感を残すように仕上げ、サラサラのカレーの中に存在感をもたせます。

材　料（4人分）

アジ … 4尾（1尾約200g）
塩、ブラックペッパー … 各少量
レモン汁 … 1/2個分
ココナッツオイルA … 大さじ2

スパイス
　カルダモン … 5粒
　シナモンカシア* … 1片
　コリアンダーパウダー … 小さじ1
　フェヌグリークパウダー … 小さじ1
　ターメリック … 小さじ1/2
タマネギ（薄切り）… 1個
ニンニク（せん切り）… 2かけ
ショウガ（せん切り）… 1かけ
青唐辛子（斜め薄切り）… 5本
ココナッツオイルB … 大さじ3
塩 … 小さじ1弱
水 … 300cc
酢 … 小さじ2
ココナッツミルク … 200cc
トマト（ざく切り）… 1個

テンパリング
　マスタードシード … 小さじ1/2
　カレーリーフ … 1枝分
　赤唐辛子 … 4本
　ココナッツオイルC … 大さじ1
香菜（ざく切り）… 適量

*シナモンスティック1/2本で代用可。

作り方

1 アジのウロコを取り除き、p48「フィッシュカレー」4〜5の要領で下処理する。身の両面に3カ所ずつ切り込みを入れ、塩、ブラックペッパーを軽くふり、レモン汁をかける（a）。手でなじませて下味をつける（b）。

2 フライパンにココナッツオイルAを入れて中火にかける。1のアジを入れてふたをし、両面をさっと焼き固める（c）。*先に表面を焼いておくことで身が煮崩れるのを防ぐ。中まで火は入れない。

3 スパイス（ⅰ）を用意する。鍋にココナッツオイルBを熱し、カルダモンとシナモンカシア、タマネギを入れて炒める。タマネギがしんなりしたら、ニンニク、ショウガ、青唐辛子を加えて炒める。タマネギがほんのり色づいたら残りのスパイスと塩、少量の水（分量外）を加えてなじませながらスパイスの香りを立たせる。

4 水と酢を加え、ふたをして5分ほど煮る。煮汁がなじんだら2のアジを並べ、上からココナッツミルクを注ぐ（d）。煮崩れないよう、鍋をゆすってアジに煮汁をなじませる。沸いたら弱火にしてふたをし、7〜8分煮る。トマトを加え、さっとなじませる。

5 テンパリング用スパイス（ⅱ）を用意する。フライパンにココナッツオイルCを熱し、マスタードシードを入れる。パチパチはじけたらふたをし、おさまったら赤唐辛子、カレーリーフを加える。色づき、香りが出たら4に加え、混ぜながら軽く煮立ててなじませる。塩で味をととのえ、香菜を加える。

ⅰ　　　　ⅱ

a

b

c

d

ビーフウラット
ドライタイプの牛肉のカレー

ゴロゴロとした肉の存在感を楽しむカレー。スパイスや香味野菜でしっかり下味をつけるように煮た牛肉を、さらにスパイスと炒め合わせて、濃厚かつほぼ水分のないドライな状態に仕上げます。牛肉の甘みは、ライスはもちろんパロタなどとも相性抜群。おつまみにもぴったりです。

材　料（4人分）

牛肩ロース肉 … 600g

A
| タマネギ（薄切り） … 1/2 個
| 青唐辛子（3等分にする） … 2本
| ニンニク（すりおろす） … 小さじ1
| ショウガ（すりおろす） … 小さじ1

下味用パウダースパイス
| コリアンダー … 小さじ2
| クミン … 小さじ1
| ガラムマサラ … 小さじ1
| カイエンヌペッパー … 小さじ1/2
| ターメリック … 小さじ1/2
| ブラックペッパー … 小さじ1/2

ココナッツファイン … 大さじ3
塩 … 小さじ1
サラダオイル … 大さじ2
水 … 300cc

ホールスパイス
| マスタードシード … 小さじ1/2
| カレーリーフ … 1枝

タマネギ（薄切り） … 1/2 個

B
| ニンニク（せん切り） … 2かけ
| ショウガ（せん切り） … 1かけ
| 青唐辛子（斜め薄切り） … 3本

パウダースパイス
| コリアンダー … 小さじ2
| ターメリック … 小さじ1/2
| カイエンヌペッパー … 小さじ1/2

ココナッツオイル … 大さじ4

作り方

1　牛肩ロース肉を3cm角、厚さ1cmくらいに切る。

2　下味用パウダースパイス（ⅰ）を用意する。ボウルに1の牛肉、A、下味用パウダースパイス、ココナッツファイン、塩、サラダオイルを入れて底から混ぜ合わせる（a）。

3　2を鍋に入れ、水を加えて火にかける。沸騰したら弱火にしてふたをし、牛肉が柔らかくなるまで30〜40分ほど煮る。

4　ホールスパイスとパウダースパイス（ⅱ）を用意する。

5　別鍋にココナッツオイルを熱し、ホールスパイスのうちマスタードシード入れる。パチパチはじけたらふたをし、おさまったらカレーリーフを加える。香りが出たらタマネギを加えて炒め、しんなりしたらBを加え、タマネギがほんのり色づくまで炒める。

6　パウダースパイスを加え、全体になじませて香りを立たせる（b）。3から牛肉を取り出して加え、水分をとばすように炒め合わせる（c）。塩で味をととのえる。

ⅰ

ⅱ

a

b

c

エッグマサラ
ゆで玉子のスパイスカレー

タマネギとやスパイスを炒め合わせて作るマサラベースに、ゆで玉子をからめて。ベースはココナッツミルクを加え、とろりと濃厚に仕上げるのがポイント。パプリカの赤が食欲をそそります。組み合わせる具材次第でアレンジは無限。塩味をつけてゆでた野菜をからめてもおいしいです。

材料（4人分）

卵 … 4個
ホールスパイス
　マスタードシード … 小さじ1/2
　カレーリーフ … 1/2枝分
　赤唐辛子 … 5本
ココナッツオイル … 大さじ3
タマネギ（薄切り） … 1/2個
ニンニク（せん切り） … 2かけ
ショウガ（せん切り） … 1かけ
青唐辛子（斜め薄切り） … 3本
パウダースパイス
　コリアンダー … 小さじ2
　パプリカ … 小さじ1
　カイエンヌペッパー … 小さじ1/2
　フェヌグリーク … 小さじ1/2
　ターメリック … 小さじ1/3
　ヒン … 小さじ1/4
トマト（ざく切り） … 1個
塩 … 小さじ1弱
ココナッツミルク … 100cc
水 … 50cc
香菜（ざく切り） … 適量

作り方

1 卵を固ゆでにする。殻をむき、カレーがなじみやすいよう、縦方向に4カ所ほど切り込みを入れる。

2 ホールスパイス（ⅰ）とパウダースパイス（ⅱ）を用意する。

3 鍋にココナッツオイルを熱し、マスタードシードを入れる。パチパチはじけたらふたをし、おさまったら赤唐辛子、カレーリーフを加える。色づき、香りが出たらタマネギを加えて炒める。しんなりしたらニンニク、ショウガ、青唐辛子を加え、さらに炒める。

4 タマネギがほんのり色づいたらパウダースパイスを加え、少量の水（分量外）も加えてなじませながらスパイスの香りを立たせる（**a**）。トマトと塩を加えて炒め、トマトの形が半分崩れてきたらココナッツミルクと水を加える（**b**）。＊マサラベースの完成。

5 4のマサラベースと1のゆで玉子を合わせ、5分ほど煮てなじませる（**c**）。塩で味をととのえ、香菜を加える。

ⅰ

ⅱ

a

b

c

お米とパロタのレシピ

穀倉地帯である南インドの主食はお米。長細くパラパラとしたお米は、サラサラのカレーによく合います。日本でも人気のインド版炊き込みごはん・ビリヤーニ、吸水した米をペースト状に挽いて発酵させた生地で作るドーサやイドゥリー、そして南インドでおなじみのパロタというパンの作り方も紹介します。

ケララ州ウィリンドン アイランドのパロタ専門店

基本のバスマティライス

基本のバスマティライス

バスマティ米は、パスタのようにたっぷりの水でゆでると、水加減を調整する必要もなく、簡単に食べられます。インドでは「スチームライス」といいます。

材　料（4人分）

バスマティ米 … 2合
水 … 2ℓ

1 バスマティ米をボウルに入れ、水を3〜4回替えながら軽く洗う。30分ほど吸水させる。＊「とぐ」と米が割れるので、指先で「やさしく洗う」ようにする。

2 鍋にたっぷり2ℓの水を沸かす。1をザルにあけて水気をきり、鍋に入れる。

3 沸騰したらふたをし、軽く沸いた状態を保つように火加減を調整して10〜15分ゆでる。米がくっつかないように時々全体を混ぜる。

4 食べてみて、好みの固さより少し柔らかくなったらザルにあけ、水気をきる。＊バスマティライスは冷めると固くなる。少し柔らかめにゆでるのがポイント。

日本で比較的入手しやすいバスマティ米は、長粒種の中でも香りが高いブランド米。粘りが少なく、パラパラとしているのでカレーの汁気を吸いやすく、手でも食べやすい。本書では「ラルキラ」ブランドのバスマティ米を使用。

レモンライス
レモン風味ごはん

炊いたライスをターメリックで色づけた、いわゆるイエローライス。レモンのさっぱりした風味で、どんなカレーにもよく合います。

材料（4人分）

マスタードシード … 小さじ1/2
豆（チャナダール） … 大さじ1
赤唐辛子 … 3本
ターメリック … 小さじ1/3
レモン汁 … 1/2個分
基本のバスマティライス
（p86で炊いたもの） … 1.5合
塩 … 小さじ1/3
サラダオイル … 大さじ2

作り方

1. フライパンにサラダオイルを熱し、マスタードシードを入れる。パチパチとはじけたら豆と赤唐辛子を加え、色づいたらターメリックを加えてなじませる。＊ターメリックは加熱しすぎると変色し、苦みが出るので注意。

2. レモン汁を加えてなじませたら（a）、バスマティライスを加えて炒め合わせる。塩で味をととのえる。
＊カレーと食べる場合は塩を控えめにする。

a

ギーライス
ギーの炊き込みごはん

南インドでは「ネイチョール」といいます（ネイは油、チョールは米の意味）。ギーのコクと香りが豊かな炊き込みごはん。ギーの甘い香りと旨み、カシューナッツやレーズンの甘みが、香り高い米とよく合います。

材料（4人分）

- ギー … 大さじ4
- カシューナッツ … 20g
- レーズン … 15g
- タマネギ（薄切り）… 1/4個
- ターメリック … 小さじ1/2
- ホールスパイス
    - カルダモン … 10粒
    - クローブ … 10粒
    - ローリエ … 1枚
    - メース … 2〜3片
    - スターアニス … 1/2個
- バスマティ米 … 2合
- 水 … 700cc
- 塩 … ふたつまみ
- ミント（ざく切り）… ふたつまみ

作り方

1. バスマティ米を水を替えながら軽く洗い、30分ほど吸水させる。ザルにあけて水気をきる。

2. 鍋にギーを入れて火にかける。溶けたらカシューナッツを入れ、全体を色づけて取り出す。同じ鍋にレーズンを入れ、ぷくっとふくらんだら取り出す。

3. 2の鍋にタマネギを入れて揚げる。キツネ色になる一歩手前で取り出し、ターメリックをまぶす。

4. 3の鍋にホールスパイスを入れて炒め、香りが出たら1の米を加えて混ぜ合わせる。水と塩を加え混ぜ、沸いたらふたをして弱火にし、好みの固さになるまで10〜15分炊く。火を止めてしばらく蒸らす。

5. 器に盛り、カシューナッツ、レーズン、タマネギ、ミントを散らす。

ポンガル
米と豆のおかゆ

おかゆ状の柔らかい米と豆のホクホク感……安価な素材で作れて滋味深いポンガル。レーズンやカシューナッツの甘み、スパイスのプチプチ感がアクセント。インドでは、朝ごはんとしてチャツネを添えたり、これにカレーをかけて食べます。

材料（4人分）

バスマティ米 … 1合
豆（ムングダール）… 1合
水 … 700cc
塩 … 小さじ 1/3～1/2

クミンシード … 小さじ 1/2
ブラックペッパー（ホール）… 小さじ 1
カレーリーフ … 1/2 枝分
ショウガ（みじん切り）… 1/2 かけ
カシューナッツ … 30g
レーズン … 20g
ギー … 大さじ 3

作り方

1 バスマティ米と豆をそれぞれ軽く水で洗い、30分ほど吸水させる。ザルにあけて水気をきる。

2 鍋に 1 と水、塩を入れて火にかける。沸いたらふたをして火加減を調整し、おかゆを炊く要領で吹きこぼしつつ、時々混ぜながら 30分ほど煮る。
＊水が減ったら随時足す。

3 フライパンにギーを熱し、クミンシードとブラックペッパーを入れて香りを出す。カレーリーフ、ショウガ、カシューナッツ、レーズンを加え、フライパンをふりながら香ばしく色づける。2 に加えて混ぜ、塩で味をととのえる。

チキンビリヤーニ
鶏肉の炊き込みごはん

ビリヤーニはもともとイスラム圏の料理。ここで紹介するのは別々に調理した米とチキンを重ねて蒸し上げる、ハイデラバード地方の方法です。ところどころ米の白い部分が残っているのが重ね蒸しの証。贅沢に使ったスパイス、素揚げにしたタマネギの香ばしさと旨みも味のポイントです。

材　料（4人分）

鶏モモ肉（皮を除き、ひと口大に切る）
　　　　　　　　　… 2枚（600g）
マリネ用材料
　ヨーグルト … 100g
　クミンパウダー … 小さじ1
　コリアンダーパウダー … 小さじ2
　パプリカ … 小さじ2
　ガラムマサラ … 小さじ1
　ターメリック … 小さじ1/3
　カスリメティ … 大さじ1
　ニンニク（すりおろし）… 小さじ2
　ショウガ（すりおろし）… 小さじ1
　サラダ油 … 大さじ2
　塩 … 小さじ1

バスマティ米 … 2合
水 … 2ℓ
ホールスパイス
　カルダモン … 10粒
　クローブ … 10粒
　ローリエ … 1枚
　シナモンカシア* … 2片
　メース … 3片
塩 … 大さじ1

タマネギ（薄切り）… 1個
揚げ油 … 適量

ミント（粗くきざむ）
　　　　　　… ひとつかみ
香菜（粗くきざむ）… 適量
サフランウォーター*
　サフラン … ひとつまみ
　お湯 … 大さじ3
ギー … 大さじ3
紫タマネギ（薄切り）… 適量
香菜（ざく切り）… 適量

＊シナモンスティック1本で代用可。
＊サフランは色が出るまでお湯につける。

1 鶏のマリネ。マリネ用の材料を全部混ぜ合わせ、鶏モモ肉を加えて混ぜる。冷蔵庫で一晩おく。＊2日マリネすると仕上がりがホロホロになる。

2 バスマティ米を水を替えながら軽く洗い、30分吸水させる。ザルにあけて水気をきる。

3 タマネギをたっぷりの油で香ばしく色づくまで素揚げにする。

4 別の鍋に1をヨーグルトごと入れて3のタマネギを加え、水100cc（分量外）を注ぐ。中火にかけ、へらで混ぜながら4〜5分煮る。

5 鍋に水をたっぷり2ℓ沸かし、ホールスパイスと塩を入れて溶かす。

6 2の米を入れる。くっつかないように時々混ぜながら5分ほどゆでる。ザルにあけて軽く水気をきる。
＊食べてみて、少し芯が残るくらいで火を止める。

7 4の上にミントと香菜を敷き詰め、その上に6の米をスパイスごとあける。表面を平らにする。

8 サフランウォーターと溶かしたギーを回しかけ、ふたをして弱火で10分ほど炊く。火を止めて10分蒸らす。鍋底からすくって器に盛り、紫タマネギと香菜を散らす。

ベジタブルビリヤーニ
野菜の炊き込みごはん

生米を炊いて作るタイプの野菜の炊き込みごはん。バスマティ米を炊く時の水加減は、米に対して倍量の水が基本ですが、多めに炊く時は少し水を減らし気味に調整するとうまくいきます。また、水の一部を牛乳にすると、コクが出てよりおいしくなります。

材料（4人分）

バスマティ米 … 3合
ニンジン … 1本
インゲン … 100g
カリフラワー … 150g
ホールスパイス
　カルダモン … 10粒
　クローブ … 10粒
　クミンシード … 小さじ1/2
　シナモンカシア* … 1片
　ローリエ … 1枚
ギー … 大さじ3
タマネギ（粗みじん切り）… 1/2個
ニンニク（すりおろし）… 小さじ1/2
ショウガ（すりおろし）… 小さじ1/2
ターメリック … 小さじ1/4
塩 … 小さじ1
水 … 900cc
牛乳 … 180cc

＊シナモンスティック1/2本で代用可。

作り方

1 バスマティ米を水を替えながら軽く洗い、30分ほど吸水させる。

2 インゲンを長さ4cmに、ニンジンとカリフラワーも同じくらいの大きさに切る。

3 鍋にギーを熱し、溶けたらホールスパイスを入れて軽く色づける。タマネギ、ニンニク、ショウガを加え、全体に油が行き渡ったらニンジンを加えて炒める（a）。

4 インゲン、カリフラワー、ターメリックを加えて炒め合わせ、塩で下味をつける。

5 1の米を水気をきって加え、ざっと混ぜ合わせる（b）。水と牛乳を加え（c）、沸騰したら弱火にしてふたをし、12〜13分炊く。食べて固さを確認し、火を止めて10分蒸らす。＊牛乳を入れると焦げやすくなるので火加減に注意。

a　b　c

マサラドーサ
ポテトマサラを包んだ米のクレープ

ドーサは米と豆で作る生地を薄く焼いたインド版クレープで、パリパリ感と香ばしさが持ち味。ポテトマサラを包み、サンバルやチャツネと食べるのが定番です。朝食または軽食に。

基本の生地　（ドーサ、イドゥリー、ウタッパム共通）

材　料（作りやすい量）

バスマティ米 … 2合
フェヌグリークシード … 小さじ2
豆（ウラッドダール）… 1合
塩 … 小さじ2

作り方

1 バスマティ米と豆をそれぞれ軽く洗う。バスマティ米はフェヌグリークシードとともに、豆はそのまま、それぞれ水につけて約6時間吸水させる。

2 それぞれ水気をきってフードプロセッサーに入れ、回すのに必要な量の水（分量外）を少しずつ加えながらペースト状する。米のほうは完全にはなめらかにならず、ざらりとしたところが残る。

3 米と豆のペーストをよく混ぜ合わせる。ラップをかぶせ、室温に一晩（8時間ほど）おいて発酵させる。
＊夏場は発酵時間を短かくし、冬はキッチンやオーブンの発酵機能など温かい場所を利用する。発酵しづらい場合は、バスマティ米をペーストにする時に炊いたごはん（日本米）を大さじ1ほど加えるとよい。

4 表面が3cmほどふくらみ、写真のようにふっくらとする。食べた時に少し酸味があれば発酵した証拠。塩を加え混ぜ、基本の生地の完成。用途に応じて適量の水でのばして使用する。

ドーサを焼く

インド料理店では専用の鉄板にごく薄くのばして焼きますが、器具が揃わない環境では、写真くらいの厚さが作りやすいでしょう。薄いところのパリパリ感と少し厚みのあるところのもっちりした食感、どちらも楽しめます。

材　料

基本の生地
水
サラダオイル

1 基本の生地に水を少しずつ加え、トロトロと流れるくらいの柔らかさにする。

2 フライパンに薄くサラダオイルを熱し、水をふり入れてざっとなじませる（生地が鍋にくっつきづらくなる）。生地を流して薄く、丸く広げる。

3 生地の表面に少しサラダオイルをかけ、薄くなった部分に焼き色がついたら取り出す（裏返さない）。

4 ポテトマサラ(p96)をのせ、手前からくるりと巻く。

\ ドーサと一緒に /
ポテトマサラ

ポテトマサラはドーサに不可欠。ジャガイモとスパイスがよくからむよう、しっかりなじませます。とろりと柔らかく仕上げるため、ジャガイモは男爵系で。

材料（作りやすい量）

- ジャガイモ … 800g
- マスタードシード … 小さじ1/2
- 赤唐辛子 … 3本
- 豆（チャナダール） … 小さじ2
- タマネギ（薄切り） … 1/2個
- A
  - 青唐辛子（斜め薄切り） … 3本
  - ニンニク（せん切り） … 1かけ
  - ショウガ（せん切り） … 1かけ
- 塩 … 小さじ1
- カイエンヌペッパー … 小さじ1/2
- ターメリック … 小さじ1/3
- サラダオイル … 大さじ3

作り方

1 ジャガイモの皮をむき、大きめのひと口大に切る。ゆでて水気をきっておく。

2 鍋にサラダオイルを熱し、マスタードシードを入れる。パチパチとはじけたらふたをし、おさまったら赤唐辛子、豆を加える。香りが出たらタマネギを加えてしんなりするまで炒める。Aを加え、火が通ったら塩、カイエンヌペッパー、ターメリックを加えて炒め合わせる。

3 1を加え、底から混ぜるようにしてなじませる。ところどころジャガイモが煮崩れてペースト状になるくらいに仕上げる。塩で味をととのえる。

ウタッパム
野菜のお好み焼き

ウタッパムはインド版野菜のお好み焼き。米の生地らしくパリパリとしてさっぱり食べやすいので、朝ごはんにぴったりです。好みの野菜をのせてどうぞ。

材料

基本の生地（p95）
水
タマネギ（1cm角に切る）
トマト（1cm角に切る）
香菜（ざく切り）
サラダオイル

＊すべて好みの量を用意する。

作り方

1　基本の生地に水を少しずつ加え、すくった時にトロトロと落ちていくくらいの柔らかさにする。

2　フライパンにサラダオイルを熱し、生地を流して少し厚めに丸く広げる。タマネギ、トマト、香菜をのせ、生地がキツネ色になったら裏返し、同様に焼く。＊青唐辛子を散らしてもおいしい。

イドゥリー
米粉のインド風蒸しパン

イドゥリーは、南インドの朝食の定番。甘くない「かるかん」という感じで、むっちりした食感です。サンバルなどのカレーと一緒に食べます。

材料

基本の生地(p95)
サラダオイル

作り方

1 基本の生地を混ぜてなめらかにする(**a**)。

2 イドゥリー用の容器に薄くサラダオイルをぬり、1を高さいっぱいに流し入れる(**b**)。

3 蒸し器にお湯を沸かし、2を入れて15分ほど蒸す。フォークなどで刺した時に生地がくっつかなければ蒸し器から取り出す(**c**)。少し冷ましてから生地を取り出す。カレーやおかずを添えて食べる(写真はサンバル、ココナッツチャトゥニ)。

イドゥリー用の容器は、南インドではどの家庭にもあるもの。耐熱性のガラス皿や焼き菓子用のカップなどで代用できます。

a

b

c

パロタ
南インドのパン

パロタは南インドでポピュラーなパン。油をたっぷり吸わせながら作った生地を、うず巻きのように巻いてからのばすことでパイのように層にします。サラダオイルの代わりにギーや澄ましバターで作っても。

材　料（6枚分）

薄力粉 … 400g
砂糖 … 大さじ1
塩 … 小さじ1/4
全卵 … 1/2個
牛乳 … 約200cc
サラダオイル … 適量

1 ボウルに薄力粉、砂糖、塩を入れて混ぜ合わせる。全卵を入れ、指先で少しずつ粉と合わせていく。

2 牛乳を50ccほど加え、同じように粉になじませていく。残りの牛乳を3〜4回に分けて加え、そのつど手で少しずつなじませる。

3 生地がなめらかになってきたら、手のひらで握るようにしてぐっぐっとこねる。
＊水気が足りなければ少しずつ牛乳を足す。

4 耳たぶより柔らかく、のびがよい生地になったら丸くまとめ、大さじ2ほどのサラダオイルをかけて表面をコーティングする。ぬれふきんなどをかぶせて30分〜1時間おく。

5 生地を6等分にする。手のひらにとって丸め、綴じ目を下にしてバットなどに並べてサラダオイルを表面にまぶす。10分ほど休ませる。

6 生地を麺棒でのばすか、写真のように台に上から叩きつけるのを繰り返してごく薄くのばしていく。再び表面にサラダオイルをまぶす。

7 のばした生地を持ち上げてたぐり寄せるか、端から手で折りたたみ、細長い棒状にする。

8 棒状にした生地の端からくるくると巻き、巻き終わりを底に入れ込む。

9 生地を手で押しつぶし、麺棒で丸くのばす。

10 フライパンにサラダオイルを引いて中火にかけ、よく油をなじませる。9を入れて両面をキツネ色に焼く。

11 台に取り出し、熱いうちに生地を周りから中心に向けて手で寄せるようにしてパロタの層を浮き上がらせる。
＊こうすると層がばらけてサクサク感が出る。

おかずとおつまみ

海に面し、土地が豊かな南インドには、野菜や魚を使ったおかずがたくさん。魚にスパイスをぬりこんで香ばしく焼いたものなど、どれもシンプルで、ごはんによく合います。また、塩気や辛さをしっかり効かせたスパイシーな肉料理や、インドでは定番の軽食である野菜や豆の粉を使った揚げものは、おつまみにもぴったりです。

タミルナード州チェンナイの夜の屋台

アビエル
野菜のココナッツ炒め煮

アビエル
野菜のココナッツ炒め煮

野菜をココナッツのペーストと炒めた、南インドの鉄板おかず。ペーストに青唐辛子やヨーグルトを加えて、さっぱりと仕上げます。インドではクタクタになるまで野菜を炒めますが、日本では食感が残るくらいに。現地では未熟のバナナで作るのが定番。お好みの野菜でぜひ。

材料（4人分）

- ジャガイモ … 120g
- ニンジン … 150g
- インゲン … 100g
- ココナッツペースト
  - ココナッツファイン … 50g
  - 青唐辛子（ざく切り）… 3本
  - クミンシード … 小さじ1
  - ヨーグルト … 大さじ4
  - 水 … 少量
- 水 … 200cc
- 塩 … 小さじ1
- ココナッツオイル … 大さじ2
- テンパリング
  - マスタードシード … 小さじ1/2
  - カレーリーフ … 1枝分
  - 赤唐辛子 … 4本
  - ココナッツオイル … 大さじ1

作り方

1. ジャガイモの皮をむき、1cm角×長さ4cmほどに切って水にさらす。ニンジンは皮をむいて同程度の大きさに、インゲンは長さ4cmに切り揃える（a）。
2. ココナッツペーストの材料をミキサーにかける。クミンシードと青唐辛子が細かくなればよい。
3. 鍋にココナッツオイルを熱し、ジャガイモとニンジンを炒める。水を加えてふたをし、時々混ぜながら5分ほど煮る。
4. インゲンを加え、ほぼ火が通ったら2のペーストと塩を加えて炒め合わせる（b）。
5. テンパリング。フライパンにココナッツオイルを熱し、マスタードシードを入れる。パチパチとはじけたらふたをし、おさまったらカレーリーフ、赤唐辛子を入れ、色づき、香りが出たら4に加えて混ぜる（c）。塩で味をととのえる。

a

b

c

クートゥ
ジャガイモのスパイシーペースト

ゆでたジャガイモと豆を、完全なペーストにはせず、ところどころ形を残しながら仕上げるのがポイント。ナイルレストランの名物「ムルギーランチ」のジャガイモも、店ではクートゥと呼んでいます。ごはんにもパンにも合います。

材料（4人分）

豆（ブラックチャナ）* … 150g
塩 … 小さじ1
ココナッツペースト
　ココナッツファイン … 50g
　ショウガ（粗みじん切り） … 1かけ
　タマネギ（粗みじん切り） … 1/4個
　青唐辛子（ざく切り） … 4本
　クミンシード … 小さじ1
　水 … 100cc

ジャガイモ（ひと口大に切る） … 450g
水 … 200cc
黒糖 … ひとかけ（15g）
ターメリック … 小さじ1/2
ブラックペッパー … 小さじ1
塩 … 小さじ1
テンパリング
　マスタードシード … 小さじ1/2
　カレーリーフ … 1枝
　赤唐辛子 … 4本
　ココナッツオイル … 大さじ4

＊ブラックチャナは一晩水につけておく。粒ごとのチャナダール（ヒヨコ豆）で代用可。

作り方

1 ブラックチャナをたっぷりの水で40〜45分ゆで、ザルにあける（**a**）。途中で塩を加え、軽く下味をつける。＊最初から塩を入れると豆が柔らかくならない。

2 ココナッツペーストの材料をミキサーにかけ、粗めのペーストにする。

3 鍋にジャガイモと半分つかる程度の水、黒糖、ターメリック、ブラックペッパーを入れ、ふたをして時々混ぜながら10〜15分蒸し煮にする。ジャガイモに火が通ったら1と2、塩を加える。火を強め、混ぜながら余分な水分をとばす（**b**）。

4 テンパリング。フライパンにココナッツオイルを熱し、マスタードシードを加える。パチパチとはじけたらふたをし、おさまったらカレーリーフと赤唐辛子を加える。色づき、香りが出たら3に加え、ジャガイモを崩すようにしっかり混ぜてなじませる（**c**）。塩で味をととのえる。

a

b

c

キャベツの
トーレン
キャベツのスパイス炒め

「トーレン」は、細かくきざんだ野菜の炒めもののこと。キャベツとココナッツの甘みを、スパイスで引き出します。テンパリングした豆の香ばしさとプチプチ感がアクセント。

材　料（4人分）

キャベツ（せん切り）… 1/2 個
ココナッツペースト
　　ココナッツファイン … 30g
　　ニンニク（薄切り）… 3かけ
　　ショウガ（薄切り）… 1かけ
　　青唐辛子（薄切り）… 3本
　　クミンシード … 小さじ1
　　水 … 少量

ホールスパイス
　　マスタードシード … 小さじ1
　　豆（チャナダール）… 大さじ1
　　カレーリーフ … 1枝
　　赤唐辛子 … 3本
ココナッツオイル … 大さじ3
タマネギ（粗みじん切り）… 1/2 個
ターメリック … 小さじ1
塩 … 小さじ1/2

作り方

1　ココナッツペーストの材料をミキサーにかけ、ペースト状にする(**a**)。

2　フライパンにココナッツオイルを熱し、マスタードシードを入れる。パチパチとはじけたらふたをし、おさまったら豆、カレーリーフ、赤唐辛子を加える(**b**)。

3　スパイスが軽く色づいたらタマネギを加えて炒める。しんなりしたらターメリックの半量を加え、炒める。塩を加える。

4　1のペーストを加え、全体になじませるように炒め合わせる(**c**)。ニンニクやショウガの香りが充分に出たらキャベツを加え、炒める。
＊キャベツが多ければ、先に半分入れてしんなりしたら残りを加える。

5　キャベツが全体になじんだら残りのターメリックを加え(**d**)、塩で味をととのえる。弱火にしてふたをし、2〜3分蒸し炒めにする。

a

b

c

d

インゲンの
トーレン
インゲンのスパイス炒め

ココナッツをペーストにせず、直接投入するので簡単。インゲンは最後ふたをして蒸し煮にし、ふっくら仕上げます。ニンジン、ゴーヤ、サヤエンドウなど水分の少ない野菜におすすめ。

材料（4人分）

インゲン（3mm幅の輪切り）… 180g
ホールスパイス
　マスタードシード … 小さじ 1/2
　カレーリーフ … 1/2 枝分
　赤唐辛子（種を除いてきざむ）… 3本
ココナッツオイル … 大さじ 3
タマネギ（みじん切り）… 1/3 個
ショウガ（みじん切り）… 1かけ
ココナッツファイン … 大さじ 3
ターメリック … 小さじ 1/2
カイエンヌペッパー … 小さじ 1/2
塩 … 小さじ 1

作り方

1　フライパンにココナッツオイルを熱し、マスタードシードを入れる。パチパチとはじけたらふたをし、おさまったらカレーリーフと赤唐辛子を加える。軽く色づいたらタマネギ、ショウガを加えて炒める（a）。＊多めの油で揚げるように加熱する。

2　タマネギがほんのり色づいたら、塩、ココナッツファイン、ターメリック、カイエンヌペッパーを加える（b）。ココナッツが香ばしく色づいたらインゲンを加え、炒める（c）。塩で味をととのえ、弱火にしてふたをし、インゲンに火が通るまで蒸し炒めにする。

a　b　c

ゴーヤの
ポリヤル
ゴーヤのスパイス炒め

トーレンより大きめに野菜を切り揃えたのが「ポリヤル」。ココナッツロングとゴーヤの長さを揃えると、食べた時の一体感が出ます。ゴーヤはヨーグルトに漬けて苦みを和らげてからカレーに入れたり、ピクルスにしたりと南インドでもおなじみの野菜。

材料（4人分）

ゴーヤ … 2本（400g）
ホールスパイス
　マスタードシード … 小さじ1/2
　カレーリーフ … 1枝分
　赤唐辛子 … 5本
ショウガ（せん切り）… 2かけ
カイエンヌペッパー … 小さじ1/2
ターメリック … 小さじ1/2
ココナッツロング … 大さじ3
塩 … 小さじ1/2
ココナッツオイル … 大さじ3

作り方

1　ゴーヤは縦半分に切って中のワタをこそげとる。さらに縦半分にしてから厚さ8mmに切る。

2　フライパンにココナッツオイルを熱し、マスタードシードを入れる。パチパチとはじけたらふたをし、おさまったらカレーリーフと赤唐辛子を加え、軽く色づいたらショウガとゴーヤを入れて炒める。塩を加え、炒め続ける。

3　カイエンヌペッパー、ターメリック、ココナッツロングを加えて炒め合わせる。水を大さじ3（分量外）ほど加え、ふたをして蒸し炒めにする（a）。ゴーヤがくたっと柔らかくなったら味をみて、塩で味をととのえる。

a

オクラの
ポリヤル
オクラのスパイス炒め

インドではオクラもよく食べます。ポリヤルやトーレンのように、主役の野菜に存在感をもたせたい時は、タマネギやショウガはみじん切りに。ジャガイモやサトイモで作ってもおいしい。

材　料（4人分）

オクラ … 200g
ホールスパイス
　マスタードシード … 小さじ 1/2
　カレーリーフ … 1/2 枝分
　赤唐辛子 … 5本
　豆（チャナダール）… 小さじ1
タマネギ（みじん切り）… 1/4 個
ニンニク（みじん切り）… 2かけ
カイエンヌペッパー … 小さじ 1/3
ターメリック … 小さじ 1/2
ココナッツファイン … 大さじ 2
塩 … 小さじ 1/2 弱
ココナッツオイル … 大さじ 3

作り方

1　オクラのへたを切り落とし、1〜1.5cm幅に切り揃える。

2　フライパンにココナッツオイルを熱し、マスタードシードを入れる。パチパチとはじけたらふたをし、おさまったら残りのスパイスと豆を加え、軽く色づいたらタマネギ、ニンニクを入れて炒める。

3　タマネギがほんのり色づいたらカイエンヌペッパー、ターメリック、ココナッツファイン、塩を加えて炒め合わせる。1のオクラを入れ、ざっと炒め合わせたらふたをして弱火でオクラに火を通す。塩で味をととのえる。

パッチャディ
キュウリのヨーグルトサラダ

パッチャディは、生野菜で作るヨーグルトサラダ。食事の箸休めやカレーに混ぜてさっぱりと食べます。時間が経つと野菜とヨーグルトの水分が出てくるので、食べるぶんだけ作ります。写真のキュウリ以外にタマネギ、セロリ、トマト、パイナップルなど、生で食べておいしい野菜でどうぞ。

材料（4人分）

キュウリ … 2本
ヨーグルト … 200g
ココナッツペースト
　ココナッツファイン … 50g
　青唐辛子（ざく切り）… 3本
　クミンシード … 小さじ1/2
　水 … 80〜100cc
ココナッツオイル* … 大さじ1
塩 … 小さじ1/3

＊ココナッツオイルは冷蔵すると固まる。冷やして食べる場合はサラダオイルで作ってもよい。

作り方

1. キュウリを長さ2cmほどの細切りにする。
　＊シャキシャキとした食感が残るよう、細くしすぎない。

2. ココナッツペーストの水以外の材料をミキサーに入れ、水を少しずつ加えながらペースト状にする。

3. フライパンにココナッツオイルを熱し、2をさっと炒める。塩を加え、水分をとばすように炒めて取り出し、粗熱をとる。

4. ヨーグルトをよく混ぜてなめらかにする。1のキュウリと3を入れて混ぜ合わせる。塩で味をととのえる。

キッチャディ
ビーツのヨーグルトサラダ

キッチャディは、加熱した野菜のヨーグルトサラダ。鮮やかなピンク色の正体はビーツです。ヨーグルトの爽やかさ、ビーツの甘みと色、ココナッツの食感、青唐辛子の爽やかな辛みは、ミールスに欠かせません。ゴーヤやキャベツなどで作るのもおすすめ。その日中に食べきります。

材料（4人分）

ビーツ … 1個（350g）
水 … 200cc
塩A … ひとつまみ
ココナッツオイルA* … 大さじ1
ココナッツペースト
　ココナッツファイン … 50g
　青唐辛子（ざく切り） … 2本
　タマネギ（ざく切り） … 30g
塩B … 小さじ 1/2
ヨーグルト … 400g
テンパリング
　マスタードシード … 小さじ 1/2
　カレーリーフ … 1枝分
　赤唐辛子 … 3本
　ココナッツオイルB … 大さじ1

＊ココナッツオイルは冷蔵すると固まる。冷やして食べる場合はサラダオイルで作ってもよい。

作り方

1 ビーツの皮をむき、細切りにする。フライパンにココナッツオイルAを熱し、ビーツをさっと炒める。水と塩Aを加え、ふたをして10分ほど蒸し煮にする。粗熱をとり、ミキサーで粗めのペーストにする（a）。

2 ココナッツペーストの材料をミキサーにかけてペースト状にする。
＊ミキサーが回りづらければ、少量の水を加える。

3 鍋に1と2を入れて弱火にかけ、混ぜながら熱し、塩Bを加える。火を止め、よく混ぜてなめらかにしたヨーグルトを加え、ていねいに混ぜ合わせる（b）。

4 テンパリング。フライパンにココナッツオイルBを熱し、マスタードシードを入れる。パチパチとはじけたらふたをし、おさまったらカレーリーフと赤唐辛子を加え、色づき、香りが出たら3に加え混ぜる。塩で味をととのえる。

a

b

チキン65
骨つきチキンのスパイシー炒め

南インドの定番おつまみです。バンガロール地方で食べたチキン65がおいしくて、そこでレシピを教わりました。じんわり辛く、クセになる味はビールにぴったり。隠し味の砂糖が味に深みを出し、まとめてくれます。鶏肉を揚げてから煮たり、ゴマ油を使うなど、中国料理の影響を強く感じる料理。酢を少し加えてもおいしいです。

材 料（4人分）

鶏モモ肉（皮を除き、ひと口大に切る）*
　　　　… 2枚（600g）
A｜ニンニク（すりおろし）… 小さじ2
　｜ショウガ（すりおろし）… 小さじ2
　｜塩、コショウ … 各少量
片栗粉 … 適量
揚げ油 … 適量

クミンシード … 小さじ1/2
ゴマ油 … 大さじ2
B｜ニンニク（みじん切り）… 1かけ
　｜ショウガ（みじん切り）… 1かけ
　｜青唐辛子（斜め薄切り）… 3本
パウダースパイス
　｜パプリカ … 小さじ1
　｜カイエンヌペッパー … 小さじ1/2
　｜ブラックペッパー … 小さじ1/2
塩 … 小さじ1/2
砂糖 … 小さじ1
トマトピューレ … 50cc
水 … 少量
香菜（ざく切り）… 1束

＊鶏モモ肉は骨つきのぶつ切り
　を使うとさらにおいしい。

作り方

1. 鶏モモ肉にAをもみ込んで下味をつける。片栗粉をまぶして中温の油で揚げる（a）。

2. フライパンにゴマ油を熱し、クミンシードを炒めて香りを出す。Bを加えて軽く色づくまで炒めたら、パウダースパイス、塩、砂糖を加えて炒め合わせる。トマトピューレを加え（b）、水でのばして全体をなじませる。

3. 1の鶏モモ肉を2に加え、からめるように炒め合わせる（c）。塩で味をととのえ、仕上げに香菜を加える。

a　b　c

チキンチリロースト
鶏モモ肉の唐辛子炒め

南インドのバーの定番メニュー。「チリ」はとりわけ辛い料理につける表現で、赤唐辛子を中心に、カイエンヌペッパー、青唐辛子と唐辛子のトリプルづかいで辛さも香りもしっかり強調しました。ビールやウイスキーのおともに。

材料（4人分）

鶏モモ肉（皮を除き、ひと口大に切る）＊
　　　… 2枚（600g）
塩、ブラックペッパー … 各少量
レモン汁 … 1/2個分

A
- ニンニク（すりおろし）… 小さじ1
- ショウガ（すりおろし）… 小さじ1
- パプリカ … 小さじ1
- カイエンヌペッパー … 小さじ1/2
- ターメリック … 小さじ1/3

揚げ油

ホールスパイス
- マスタードシード … 小さじ1/2
- カレーリーフ … 1枝分
- 赤唐辛子 … 8本

タマネギ（薄切り）… 1/2個

B
- ニンニク … 2かけ
- ショウガ … 1かけ
- 青唐辛子 … 3本

パウダースパイス
- コリアンダー … 小さじ2
- ガラムマサラ … 小さじ1
- パプリカ … 小さじ1
- カイエンヌペッパー … 小さじ1/3
- ターメリック … 小さじ1/3

塩 … 小さじ1/2
トマト（ざく切り）… 1個
ココナッツオイル … 大さじ4
香菜（ざく切り）… 1束

＊鶏モモ肉は骨つきのぶつ切りを使うとさらにおいしい。

作り方

1 鶏モモ肉に塩とブラックペッパーをまぶし、レモン汁をふりかけて手でもみこむ。Aを加え、全体に行き渡るように混ぜる（a）。中温の油で揚げる。

2 フライパンにココナッツオイルを熱し、マスタードシードを入れる。パチパチとはじけたらふたをし、おさまったらカレーリーフ、赤唐辛子、タマネギを加えて炒める。タマネギがしんなりしたらBを加え、タマネギがほんのり色づいたらパウダースパイス、塩を加えて混ぜながらなじませる。トマトを加え、混ぜながら水分をとばすように炒める（b）。

3 1の鶏モモ肉を2に加え、からめるように炒め合わせる（c）。塩で味をととのえ、仕上げに香菜を加える。

a

b

c

マトンペッパーフライ
マトンの黒コショウ炒め

北インド料理のイメージが強いマトン。たしかに料理の数は少ないですが、南インドでも食べます。とくにこの料理は、ケララのバーではおなじみ。粗くつぶしたブラックペッパーがマトンのクセをやわらげ、その刺激的な香りはやみつきになります。

材料（4人分）

マトン肩ロース肉 … 500g
タマネギ（薄切り）… 1個
A┃青唐辛子（薄切り）… 2本
　┃ニンニク（すりおろし）… 小さじ1
　┃ショウガ（すりおろし）… 小さじ1
ターメリック … 小さじ1/2
塩 … 小さじ1
トマト（ざく切り）… 1個
ココナッツミルク … 100cc
水 … 200cc
サラダオイル … 大さじ2

ホールスパイス
　┃カレーリーフ … 1枝分
　┃赤唐辛子 … 5本
　┃ブラックペッパー（ホール/粗くつぶす）
　┃　　　　　　　　　　… 小さじ1
　┃クミンシード … 小さじ1/2
ニンニク（せん切り）… 2かけ
パウダースパイス
　┃コリアンダー … 小さじ2
　┃カイエンヌペッパー … 小さじ1/2弱
　┃ガラムマサラ … 小さじ1/2
　┃ターメリック … 小さじ1/4
青唐辛子（斜め薄切り）… 3本
レモン汁 … 1/2個分
ギー … 大さじ3

作り方

1　マトンの肩ロース肉は、好みで余分な脂を切り落として3〜4cm角に切る。

2　鍋にサラダオイルを熱し、タマネギをほんのり色づくまで炒める。Aを加えてさらに炒め、ターメリック、塩、トマトを加えて炒め、なじませる。

3　トマトの形が半分ほど崩れてきたら1を入れ、ココナッツミルクと水を加え、強火にする。沸いたら弱火にしてふたをし、肉が柔らかくなるまで1時間ほど煮る（a）。＊ココナッツミルクがない場合はそのぶん水を増やす。水が減ったら随時足す。

4　フライパンにギーを熱し、ホールスパイスを入れてさっと炒める。ニンニクを加えて香りが出たら、パウダースパイスを加えてよくなじませる（b）。

5　3のマトンを引き上げて4に加え、からめるように炒め合わせる。塩で味をととのえ、仕上げに青唐辛子とレモン汁を加える（c）。

プロウンマサラ
エビのスパイス炒め

酢と香味野菜、スパイスを混ぜ合わせたマサラペーストで、エビを炒めます。どこか深みのある味は、フェヌグリークから。魚介とよく合うスパイスです。日本人好みの間違いない味つけで、イカ、ホタテなどで作ってもおいしいです。

材料（4人分）

エビ（ブラックタイガー）… 10〜12尾
タマネギ（薄切り）… 1/2個
マスタードシード … 小さじ1/2
カレーリーフ … 1枝分
ココナッツオイル … 大さじ3

マサラペースト
　酢 … 大さじ2
　ニンニク（すりおろし）… 小さじ1強
　ショウガ（すりおろし）… 小さじ1強
　塩 … 小さじ1/2
　パウダースパイス
　　コリアンダー … 小さじ2
　　クミン … 小さじ1
　　フェヌグリーク … 小さじ1
　　パプリカ … 小さじ1
　　ターメリック … 小さじ1/2
香菜（ざく切り）… 適量

作り方

1. エビの殻をむき、背わたを取り除く。

2. マサラペーストの材料をよく混ぜ合わせる(a)。

3. フライパンにココナッツオイルを熱し、マスタードシードを入れる。パチパチとはじけたらふたをし、おさまったらカレーリーフとタマネギを順に加え、5分ほど炒める。タマネギがほんのり色づいたら2のペーストを加え、少量の水（分量外）を加えてのばし、全体になじませる(b)。

4. スパイスの香りが立ち、タマネギとペーストがしっかりなじんだら1のエビを加え(c)、からめるように炒め合わせる。エビに火が通ったら、塩で味をととのえ、香菜を加える。

a

b

c

フィッシュフライ
イワシのスパイシー焼き

魚のおいしい食べ方は万国共通。一尾ごとフライパンで香ばしく焼き上げ、ごはんのおかずにします。焼く前にマサラペーストでマリネし、味をつけるのがインド流。おかずなので、味は濃いめに。インドの人たちは焦がすくらいしっかり焼きます。このままレモンをぎゅっと絞って、またはカレーと一緒にごはんにのせて。ぶつ切りにしたブリやマナガツオで作ってもおいしいです。

材料（4人分）

イワシ … 4尾（1尾約180g）
塩 … 少量
ブラックペッパー … 少量
マサラペースト
　ニンニク（すりおろし）… 小さじ1
　ショウガ（すりおろし）… 小さじ1
　レモン汁 … 1/2個分
　パウダースパイス
　　カイエンヌペッパー … 小さじ1/2
　　ターメリック … 小さじ1/2
　　パプリカ … 小さじ1
　　コリアンダー … 小さじ1
　　フェヌグリーク … 小さじ1/2
　塩 … 小さじ1/2
カレーリーフ … 1枝分
サラダオイル … 大さじ3

作り方

1 p48「フィッシュカレー」4〜5の要領でイワシのウロコを取り除き、頭を切り落として内臓を手で取り出す。流水で血合いなどを洗い流し、両面に4カ所ずつ切り込みを入れる。全体に塩とブラックペッパーをふり、手で軽くすり込む（a）。

2 マサラペーストの材料をボウルに入れ、ていねいに混ぜる。

3 1に2のペーストをまんべんなくぬる。内臓をとったあとや切り込みを入れたところにもていねいに。1時間ほど置いてなじませる（b）。

4 フライパンにサラダオイルを入れ、カレーリーフ、3の順に入れて中火にかける。ふたをして5〜6分ずつ、こんがり焼き色をつけながら両面焼く（c）。

a

b

c

ミーンポリチャットゥ
魚のバナナ葉包み焼き

マサラペーストをぬった魚を、バナナの葉で包んで蒸し焼きに。広げた時にふわっと香る魚とスパイス、バナナの葉の香りがごちそうです。メカジキ以外にブリやカツオ、イワシを一尾まるごと包むのもおすすめ。バナナの葉がなくても、アルミ箔で作れます。

材　料（4人分）

メカジキ（切り身）… 4 枚
マサラペースト
　レモン汁 … 1/2 個分
　ニンニク（すりおろし）… 小さじ 1
　ショウガ（すりおろし）… 小さじ 1
　パウダースパイス
　　パプリカ … 小さじ 1
　　ターメリック … 小さじ 1/2
　　カイエンヌペッパー … 小さじ 1/2
　　フェヌグリーク … 小さじ 1/2
　塩 … 小さじ 1/2
　ブラックペッパー … 少量

ソース
　マスタードシード … 小さじ 1/2
　カレーリーフ … 1 枝分
　タマネギ（薄切り）… 1/3 個
　A　ニンニク（せん切り）… 2 かけ
　　　ショウガ（せん切り）… 1 かけ
　　　青唐辛子（みじん切り）… 3 本
　塩 … 小さじ 1/4
　パウダースパイス
　　パプリカ … 小さじ 1
　　コリアンダー … 小さじ 1
　　ターメリック … 小さじ 1/2
　ココナッツミルク … 100cc
　レモン汁 … 1/2 個分
　ココナッツオイル … 大さじ 5

バナナの葉* … 4 枚

*バナナの葉は湯気などにあてて柔らかくしてから使う。アジア食材店などで置いてある場合もあるが、なければアルミ箔で代用する。

作り方

1 マサラペーストの材料をよく混ぜ合わせる。メカジキの両面にぬり、30分以上おいてなじませる（**a**）。

2 フライパンにココナッツオイル大さじ 3 を入れ、メカジキを並べて中火にかける。ふたをして両面を蒸し焼きにし、火が通ったら取り出す。

3 ソースを作る。同じフライパンにココナッツオイル大さじ 1 を熱し、マスタードシードを入れる。パチパチはじけたらふたをし、おさまったらカレーリーフとタマネギを加えてしんなりするまで炒める。

4 A を加えて炒め、塩で味をととのえる。パウダースパイスと少量の水（分量外）を加え、なじませながらスパイスの香りを立たせる。ココナッツミルクを加えて軽く煮詰め、とろみがついたらレモン汁を加える（**b**）。

5 バナナの葉を広げ、ソースをぬって **2** をのせる。上からもソースをぬり、葉をたたんで包み（**c**）、タコ糸で縛る。

6 フライパンにココナッツオイル大さじ 1 を熱し、**5** を並べる（**d**）。ふたをして片面 4〜5 分ずつ弱火で蒸し焼きにする。

 a
 b
 c
 d

フィッシュカトゥレットゥ
魚のカツレツ

その名の通り、ほぐした魚の身とマッシュポテトにパン粉をつけて揚げた「魚のカツレツ」です。インドでは「ポンフレット」というイシダイの仲間で作るのが定番。白身魚より、スパイスや青唐辛子に負けない少しパンチのある魚のほうが合います。インドでは、アツアツにレモンをぎゅっと絞り、紫タマネギと一緒に食べます。

材料（4人分）

魚の切り身（スズキ、ボラなど）… 250g
下ゆで用の材料
　青唐辛子（切り込みを入れる）… 2本
　ニンニク（つぶす）… 1かけ
　ショウガ（つぶす）… 1かけ
　塩 … 小さじ1/2
　コショウ … 小さじ1/4
　水 … 200cc

ジャガイモ … 250g

A
　タマネギ（みじん切り）… 1/3個
　ニンニク（みじん切り）… 1かけ
　ショウガ（みじん切り）… 1かけ
　青唐辛子（みじん切り）… 3本

パウダースパイス
　ターメリック … 小さじ1/2
　カイエンヌペッパー … 小さじ1/3
　ガラムマサラ … 小さじ1/2
塩 … 小さじ1/2
サラダオイル … 大さじ2

卵（ほぐす）… 1個
パン粉 … 適量
揚げ油 … 適量

作り方

1. 鍋に魚の切り身と下ゆで用の材料を入れ、5分ほどゆでてくさみを抜く(a)。魚を取り出し、水気をきる。

2. ジャガイモをひと口大に切り、下ゆでする。

3. フライパンにサラダオイルを熱し、Aを炒める。タマネギがしんなりしたら1の魚を入れ、ほぐしながら水分をとばすように炒める(b)。

4. 塩、パウダースパイスと2のジャガイモを加え、つぶしながら混ぜ合わせる(c)。再度塩で味をととのえる。

5. 8〜10等分にし、直径5cm・厚さ1cmくらいの円形にまとめる(d)。とき卵にくぐらせてパン粉をつけ、中温の油で揚げる。

a

b

c

d

ワダ
ウラッド豆のスナック

インドでは「ウルンドゥ ワダ」。ウラッドダールのペーストを揚げた、インドの国民的スナック。ふわっとした食感が持ち味で、インドではチャツネやカレーと一緒に食べます。このレシピはナイルレストランで提供しているもの。

作り方

1. 豆をさっと洗い、3時間ほど水につけてもどす。ザルにあけて水気をきる。

2. フライパンに A を入れて中火にかけ、時々ゆすりながら香りが出るまでから煎りする（a）。ミルで細かく挽く。＊豆と米をスパイス的に使う。生地に香ばしさとモチモチ感を与える。

3. 1 をフードプロセッサーにかけてペースト状にする（b）。回りづらい場合は、水（分量外）を少しずつ加える。＊水分が多いと揚げる時に生地が散ってしまうので慎重に。

4. ボウルに移し、ヒンと B、2 を加え、へらで混ぜ合わせる。塩で味をととのえる（c）。

5. 水で濡らした手に 4 を適量取り、指で中心に穴をあける（d）。中温の油に静かに入れ、両面をじっくり揚げる。＊穴をあけるのは火を通りやすくするため。小さめに丸めて揚げてもよい。

材料（4人分）

豆（ウラッドダール）… 200g
A
- 豆（ウラッドダール）… 小さじ2
- バスマティ米 … 小さじ2
- ブラックペッパー … 小さじ1

ヒン … 小さじ1/4
B
- タマネギ（みじん切り）… 1/4 個
- 青唐辛子（みじん切り）… 3本
- カレーリーフ（粗みじん切り）… 1枝分
- 香菜（粗みじん切り）… 3本
- ショウガ（みじん切り）… 1かけ

塩 … 小さじ1
揚げ油 … 適量

a

b

c

d

ワダ
チャナ豆のスナック

インドでは「パルプ ワダ」。パルプはチャナダールのことで、外はカリカリ、中はほっこり、チャナダールらしい豆の香ばしさがなんとも食欲をそそるワダです。ソースなどはつけず、そのままいただきます。

材料（4人分）

豆（チャナダール）… 300g
赤唐辛子 … 4本
A ┃ タマネギ（みじん切り）… 1/3個
　┃ 青唐辛子（みじん切り）… 4本
　┃ ショウガ（みじん切り）… 2かけ
ヒン … 小さじ1/4
カレーリーフ（みじん切り）… 1/2枝分
塩 … 小さじ1
揚げ油 … 適量

作り方

1. 豆を軽く洗い、2時間ほど水につける。ザルにあけて水気をきる。

2. 1を1/3ほど取りおく。残りを赤唐辛子とともにフードプロセッサーにかけ、ペースト状にする。＊完全になめらかなペーストにすると、揚げた時に固くぼそぼそした食感になるので、少し粒感が残るくらいにとどめる。

3. Aとヒン、カレーリーフ、2で取りおいた豆を加え、へらでよく混ぜ合わせる。塩で味をととのえる。

4. 3を薄い小判型にまとめる。中温の油に静かに入れ、両面をじっくり揚げる。

パコラ
野菜のかき揚げ

北インドのパコラが素材に衣をつけて揚げる「天ぷら」なら、南インドは「かき揚げ」。ベーズン（ヒヨコ豆の粉）に上新粉を入れることで、外はカリッ、中はふっくら。そして、なんともよい香りに仕上がります。ターメリックを入れるときれいなキツネ色に。青唐辛子の量は好みで調節してください。

材料（4人分）

A
- タマネギ（せん切り）… 1個
- ショウガ（せん切り）… 1かけ
- 青唐辛子（斜め切り）… 4本
- カレーリーフ … 1枝分
- 塩 … 小さじ 1/2

パコラの衣
- 上新粉 … 大さじ2
- ベーズン（ヒヨコ豆の粉）… 50g
- ヒン … 小さじ 1/4
- カイエンヌペッパー … ひとつまみ
- ターメリック … ふたつまみ
- サラダオイル … 大さじ1

揚げ油 … 適量

作り方

1. Aをボウルに入れて混ぜ、しばらくおいて水分を出す。

2. 衣の材料をボウルに入れ、箸でさっくり混ぜ合わせる（a）。Aを野菜から出た水分ごと加え、手で混ぜ合わせる（b）。

3. 手のひらに収まるくらいの量を丸める。中温の油でじっくり揚げる（c）。

a

b

c

ボンダ
インド風コロッケ

スパイシーに仕上げたジャガイモのペーストを丸め、衣をつけて揚げた、いわばインド式コロッケ。ベースンで作るほのかに甘い衣が、中の辛さとホクホク感を引き立てます。

材　料（4人分）

ジャガイモ … 700g
マスタードシード … 小さじ1/2
タマネギ（みじん切り）… 1/2 個
ブラックペッパー（ホール/粗く砕く）*
　　　　　　　　　　… 小さじ1
ショウガ（みじん切り）… 2 かけ
青唐辛子（みじん切り）… 4 本
パウダースパイス
　クミン … 小さじ1
　カイエンヌペッパー … 小さじ1/2
　ターメリック … 小さじ1/2
　ヒン … 小さじ1/3
塩 … 小さじ1
サラダオイル … 大さじ3

ボンダの衣
　ベースン（ヒヨコ豆の粉）… 80g
　ターメリック … 小さじ1/2
　ベーキングパウダー … 小さじ1/4
　塩 … ふたつまみ
　水 … 100cc

*粗挽きのブラックペッパーを使ってもよい。

作り方

1. ジャガイモをひと口大に切り、下ゆでする。水気をきっておく。

2. フライパンにサラダオイルを熱し、マスタードシードを入れる。パチパチとはじけたらふたをし、おさまったらタマネギとブラックペッパーを入れ、しんなりするまで炒める。ショウガと青唐辛子、パウダースパイス、塩を順に加えてさらに炒める。

3. 1を加え、ジャガイモをつぶしながら混ぜ合わせる（a）。味をみて、塩加減や辛さをととのえる。*ジャガイモは均一につぶさないほうがおいしい。

4. 衣の材料のうち、水以外をさっくり混ぜる。水を少しずつ加え、混ぜ合わせる。*衣が柔らかいと揚げる時にはがれてしまうので、水の入れすぎに注意。

5. 3を好みの大きさに丸め、4をまんべんなくつける（b）。中温の油に入れ、転がしながら香ばしく揚げる（c）。

a

b

c

ピクルスとチャツネ

ピクルスやチャツネはカレーやミールスに欠かせない存在。少しずつ混ぜながら、味のアクセントや箸休めにします。マスタードシードやカレーリーフ、青唐辛子、ココナッツなどをふんだんに使う点が、いかにも南インド。さまざまな野菜やフルーツで試してみてください。

ケララ州コチの大型スーパーマーケット

レモンピクルス
レモンのピクルス

スパイスの香りと辛みを移した油にレモンを漬け込みます。好みで唐辛子を加えたり、ニンニクはきざまずに入れて香りを控えめにするなどアレンジを。ライムや未熟なマンゴーで作るのもおすすめです。

材　料（作りやすい量）

レモン … 4個
マスタードシード … 小さじ1
A｜フェヌグリークシード … 小さじ1
　｜ブラックペッパー（ホール）… 小さじ1
ニンニク（粗みじん切り）… 2かけ
パウダースパイス
　｜カイエンヌペッパー … 小さじ1
　｜ターメリック … 小さじ1/2
　｜ヒン … 小さじ1/4
塩 … 大さじ2
ゴマ油 … 100～120cc
酢 … 大さじ2

＊Aはパウダーを使ってもよい。

作り方

1　レモンの黄色い表皮をむき、縦8等分にしたあと横に3～4等分する。種が気になれば取り除く。＊表皮をむくことで苦みを取り除く。

2　マスタードシードを押しつぶすかミルで軽く挽く。Aをフライパンでから煎りし、ミルで軽く挽く。

3　フライパンにたっぷりのゴマ油を熱し、マスタードシードを入れる。パチパチはじけたらふたをし、おさまったらA、ニンニク、パウダースパイス、塩を加えて炒める。ニンニクが色づき、香りが出たら酢を加えて酸をとばす（a）。火を止める。

4　粗熱がとれたら1のレモンに加え混ぜ（b）、一晩おいてなじませる。
＊冷蔵庫で10日ほど保存可能。

a

b

ライムピクルス
ライムのピクルス

ライムは丸ごと油で煮て表皮の苦みをとってから、パウダースパイスをたっぷり使った油に漬けます。

ジンジャーピクルス
ショウガのピクルス

インジカリ(p134)よりもさっぱり仕上げたピクルス。サラダ感覚で食べられます。

材料（作りやすい量）

- ライム … 4個
- ゴマ油A … 100cc
- 塩 … 大さじ2
- マスタードシード … 小さじ2
- A
  - ニンニク(粗みじん切り) … 5かけ
  - ショウガ(みじん切り) … 1かけ
  - カレーリーフ … 1枝分
- パウダースパイス
  - カイエンヌペッパー … 大さじ1 1/2
  - パプリカ … 大さじ2
  - フェヌグリーク … 小さじ1
  - ヒン … 小さじ1/2
  - ターメリック … 小さじ1/2
- ゴマ油B … 120cc
- 酢 … 50cc

作り方

1. 深めのフライパンにゴマ油Aを熱し、ライムを丸ごと入れて向きを変えながら3〜4分加熱する。取り出して表面の油をぬぐう。*こうしてくさみと苦みを抜く。

2. ライムを縦に8等分にしたあと横に3等分する。白いスジだけ除き、塩をまぶして30分ほどおく。

3. フライパンにゴマ油Bを熱し、マスタードシードを入れる。パチパチはじけたらふたをし、おさまったらAを加え、色づいたらパウダースパイスを加えて炒める。酢を加え、とろみが出るまで煮る。器に移し、2のライムを漬ける。*冷蔵庫で10日ほど保存可能。

材料（作りやすい量）

- ショウガ(みじん切り) … 200g
- マスタードシード … 小さじ1/2
- A
  - カレーリーフ … 1枝分
  - タマネギ(みじん切り) … 1/4個
  - 青唐辛子(みじん切り) … 2本
- 塩 … 小さじ1弱
- ターメリック … 小さじ1/2
- カイエンヌペッパー … 小さじ1
- *
  - タマリンド … 15g
  - ぬるま湯 … 120〜150cc
- 黒糖 … ひとかけ(3g)
- サラダオイル … 大さじ3

*タマリンドはぬるま湯でもどし、p19の要領で準備する。

作り方

1. フライパンにサラダオイルを熱し、マスタードシードを入れる。パチパチとはじけたらふたをし、おさまったらAを加えて炒める。

2. タマネギがほんのり色づいたらショウガを加え、炒める。塩、ターメリック、カイエンヌペッパーを加え、味をととのえる。タマリンドの絞り汁と黒糖を加え、黒糖を溶かしながら水分をとばすように炒め合わせる。*早めに食べきる。

プロウンピクルス
エビのピクルス

エビのように動物性素材をピクルスにする際は、加熱時にしっかり水分をとばすことが大事。旨みが凝縮し、保存性が高まります。南インドには、ビーフや魚のピクルスもあります。

材料（作りやすい量）

むきエビ … 300g
A
　パプリカ … 小さじ1
　カイエンヌペッパー … 小さじ1
　ターメリック … 小さじ1/2
サラダオイル … 大さじ6
マスタードシード … 小さじ1/2
B
　赤唐辛子 … 5本
　カレーリーフ … 1枝分
　ニンニク（すりおろし）… 小さじ1
　ショウガ（すりおろし）… 小さじ1
パウダースパイス
　ターメリック … 小さじ1/2
　カイエンヌペッパー … 小さじ1
　パプリカ … 小さじ1
青唐辛子（4〜5等分にする）… 3本
塩 … 小さじ1
酢 … 100cc

作り方

1 ボウルにむきエビとAを入れ、ていねいに混ぜる。

2 鍋にサラダオイルを熱し、1を入れてゆっくり中まで火を通す（a）。エビを取り出し、油を細かい網で漉す。
＊保存性を高めるため、しっかり揚げる。

3 鍋に漉した油を熱し、マスタードシードを入れる。パチパチとはじけたらふたをし、おさまったらB、塩、パウダースパイスを順に加え、炒めて香りを出す。2のエビと青唐辛子を加え、再度塩で味をととのえる。酢を加え（b）、酸をとばしてとろみが出るまで煮る（c）。

a

b

c

インジカリ
ショウガのチャツネ

「インジ」はショウガ、「カリ」はとろみのある状態を指す言葉。ショウガを濃く色づくまでしっかり炒め、色も味も濃厚に仕上げるのがポイントです。

ココナッツ
チャトゥニ
ココナッツのチャツネ

ミールスやワダなど、さまざまな料理に添えるココナッツのチャツネ。香ばしさと食感のアクセントにピーナッツと豆を加えるのがポイント。

材　料（作りやすい量）

ショウガ（粗みじん切り）… 200g
タマネギ（みじん切り）… 50g
青唐辛子（斜め薄切り）… 3本
ココナッツファイン … 40g
サラダオイルA … 大さじ3
＊ | タマリンド … 20g
　 | ぬるま湯 … 100cc

テンパリング
　| マスタードシード … 小さじ1/2
　| カレーリーフ … 1枝分
　| 赤唐辛子（半分に割り、種を取り除く）
　|　　　　　　　　　　　… 3本
　| ターメリック … 小さじ1/3
　| カイエンヌペッパー … 小さじ1/3
　| ヒン … 小さじ1/4
　| サラダオイルB … 大さじ1
黒糖 … 1かけ
塩 … 小さじ1

＊タマリンドはぬるま湯でもどし、
　p19の要領で準備する。

作り方

1　フライパンにサラダオイルAを熱し、ショウガとタマネギを炒める。青唐辛子を加え、さらに炒める。

2　ココナッツファインを加え、香ばしく、しっかり色づくまで炒める。ミキサーに移し、タマリンドの絞り汁を半分以上入れて粉砕する（a）。

3　テンパリング。フライパンにサラダオイルBを熱し、マスタードシードを入れる。パチパチとはじけたらふたをし、おさまったらカレーリーフ、赤唐辛子を加える。香りが出たら、ターメリック、カイエンヌペッパー、ヒンを加えてなじませる。

4　3に2と残りのタマリンドの絞り汁、黒糖、塩を加え、軽く水分をとばすように炒め合わせる。

a

材　料（作りやすい量）

A | ココナッツファイン … 60g
　| 赤唐辛子（半分に割る）… 2本
　| ショウガ（ざく切り）… 1かけ
　| ニンニク（半分に切る）… 1かけ
　| ピーナッツ＊ … ひとつかみ(10g)
　| ヨーグルト … 大さじ1
　| 塩 … 小さじ1/2
水 … 150〜200cc
テンパリング
　| マスタードシード … 小さじ1/2
　| タマネギ（みじん切り）… 20g
　| 豆（チャナダール）… 小さじ2
　| サラダオイル … 大さじ2

＊ピーナッツは塩味がついたものでOK。

作り方

1　ミキサーにAを入れ、まず材料全体が湿るくらいの水を加えて粉砕する。回りづらければ水を足し、ピーナッツが細かくなるまで回す。＊ココナッツのシャキシャキ感を残すため、完全にはなめらかにしない。

2　テンパリング。フライパンにサラダオイルを熱し、マスタードシードを入れる。パチパチとはじけたらふたをし、おさまったらタマネギと豆を加え、香ばしく色づくまで炒める。1に加え、全体を混ぜてなじませる。

グリーンチャトゥニ
ハーブのチャツネ

フレッシュの香菜とミントの爽快感たっぷりのチャツネ。ヨーグルトとレモンの旨みと酸味が味のポイントです。

材料（作りやすい量）

香菜（ざく切り）… 2 束（30g）
ミント（ざく切り）… 10g
青唐辛子（ざく切り）… 2 本
ヨーグルト … 大さじ 1
レモン汁 … 大さじ 1
塩 … 小さじ 1/2
砂糖 … 小さじ 1

作り方

1. ミキサーに材料をすべて入れて回す。ミキサーが回らなければ水（分量外）を少しずつ足し、なめらかなペーストにする。味をみて、足りなければ塩を加える。＊時間が経つとハーブの鮮やかな色がとんでしまうので、そのつど作る。

トマトチャトゥニ
トマトのチャツネ

煮詰めたトマトの酸味と旨みがポイント。2種類の豆のコクとカリカリ感、隠し味の砂糖など、じつは奥深い味。

材料（作りやすい量）

トマト（ざく切り）… 3 個
A
　赤唐辛子 … 4 本
　豆（チャナダール）… 小さじ 1
　豆（ウラッドダール）… 小さじ 1
　ニンニク（みじん切り）… 2 かけ
サラダオイル A … 大さじ 2
塩 … 小さじ 1/2
砂糖 … 小さじ 1/2
テンパリング
　マスタードシード … 小さじ 1/2
　カレーリーフ … 1/2 枝分
　ヒン … 小さじ 1/4
　サラダオイル B … 大さじ 1

作り方

1. フライパンにサラダオイル A を熱し、A を炒める。トマトを加え、水分が出てきたら塩と砂糖を加え、水分をとばすように炒める。

2. トマトの粗熱をとり、ミキサーにかけてペーストにする。味をみて、足りなければ塩を加える。＊ペーストにトマトの粒が残っていて構わない。

3. テンパリング。フライパンにサラダオイルを熱し、マスタードシードを入れる。パチパチとはじけたらふたをし、おさまったらカレーリーフとヒンを加える。香りが出たら 2 に加えて混ぜ合わせる。

チャンマンディ
生ココナッツのチャツネ

ココナッツとタマネギのシャキシャキ感と青唐辛子の爽やかな辛さが心地よい、サラダ感覚で食べられるチャツネ。

材　料（作りやすい量）

- ココナッツファイン……100g
- A
  - タマネギ（ざく切り）……1/2個
  - 青唐辛子（粗みじん切り）……3本
  - ショウガ（粗みじん切り）……1かけ
  - ニンニク（粗みじん切り）……2かけ
- カレーリーフ……1/2枝分
- 赤唐辛子……2本
- 塩……小さじ1
- ＊タマリンド……10g
  - ぬるま湯……50cc
- テンパリング
  - マスタードシード……小さじ1/2
  - タマネギ（みじん切り）……大さじ1
  - ココナッツオイル……大さじ2

作り方

1. Aをフードプロセッサーでざっと粉砕する。カレーリーフと赤唐辛子を加えてさらに粉砕し、ココナッツファインを加えてさらに回す。

2. 塩とタマリンドの絞り汁を加え、へらで底から全体を混ぜる。再度粉砕して全体になじませる。
※ココナッツのシャキシャキ感を残すため、あまり細かく粉砕しすぎない。

3. テンパリング。フライパンにココナッツオイルを熱し、マスタードシードを入れる。パチパチとはじけたらふたをし、おさまったらタマネギを加える。ほんのり色づいたら2に加えて混ぜる。
※2日ほどで食べきる。ココナッツオイルをサラダオイルにすると4〜5日ほど保存可能。

＊タマリンドはぬるま湯でもどし、p19の要領で準備する。

ポディ
豆のスパイシーふりかけ

イドゥリーやライス、ヨーグルトに添えて食べます。じっくりローストした豆とスパイスの香ばしさとカリカリ感、鮮烈な辛みがポディのおいしさ。2種類の豆を使うことで、コクが出て、香りが複雑になります。

材料（作りやすい量）

豆（チャナダール）… 50g
豆（ウラッドダール）… 50g
カレーリーフ … 1枝分
赤唐辛子 … 10本
ターメリック … 小さじ1/3
ヒン … 小さじ1/4
塩 … 小さじ1
サラダオイル … 小さじ1/2

作り方

1. フライパンにカレーリーフと赤唐辛子を入れて中火にかけ、フライパンをゆすりながら香りを引き出すようにじっくりから煎りする。
   *焦がさないように注意。

2. 1をミルで細かく挽く。ターメリック、ヒンを加えてさらにミルにかける。
   *時々ミルを止めて全体を混ぜ、まんべんなく挽く。

3. フライパンにサラダオイルを熱し、2種類の豆を入れる。香ばしく色づくまで煎り、豆のコクと香りをしっかり引き出す。

4. 2に3と塩を入れ、サラサラになるくらいまで細かく挽く。*常温で1週間ほど保存可能。

バターミルク
塩味のヨーグルト

塩気のあるヨーグルトドリンク。青唐辛子やショウガの風味ですっきりした飲み口です。

材　料（4人分）

ヨーグルト … 200g
青唐辛子 … 1/2 本
ショウガ（薄切り）… 1 切れ
カレーリーフ … 1/2 枝分
塩 … 小さじ 1/2 弱
水 … 200cc

作り方

1　ヨーグルト、青唐辛子、ショウガ、カレーリーフをミキサーにかける。青唐辛子やショウガが粗みじんくらいになったら塩と水を加え、さっと回す。
＊青唐辛子の辛みは好みで調整する。

> **ポディとバターミルクは…**
> あっさり食べやすい南インドのカレー。箸休め的に食べたり、少しずつカレーに混ぜて味に変化を加えたりと、ピクルスやチャツネは欠かせません。日本の梅干しや漬けもののような存在なので、塩気が効いていたり、刺激的な辛さや酸味が食欲を増進させます。南インドでは、これらとライスやイドゥリーだけで、簡単に食事を済ませる場合も。また、バターミルクは口直しにしたり、締めに飲んで口をさっぱりさせます。

デザートとドリンク

塩とスパイスが効いた食事のあとには、しっかり甘いデザートやドリンクがよく合います。インドの人も僕も大好きな、定番のデザートとドリンクを3品ずつ紹介します。

ケララ州アレッピーのバックウォーター クルージング船のキッチンにて

パイヤッサム
バナナとタピオカの黒糖ココナッツミルク煮

バナナの香り、つるんとなめらかなタピオカ、レーズンの甘酸っぱさにカシューナッツの塩気。黒糖とココナッツの風味がどこか懐かしく、大好きなデザート。店のまかないで作るとみんな喜びます。

材　料（4人分）

バナナ … 1本
タピオカ … 50g
バター … 20g
カルダモン … 10粒
カシューナッツ＊… 40g
レーズン … 40g
ココナッツミルク … 400cc
牛乳 … 100cc
黒糖 … 70g

＊塩味つきを使用。素焼きのカシューナッツを使う場合は、煮る時に塩をひとつまみ加える。

作り方

1　タピオカをたっぷりの湯で15〜20分ゆでる。ザルにあけ、冷水にさらして冷ます。

2　鍋にバターとカルダモンを入れて熱し、カシューナッツとレーズンを炒める。レーズンがふくらんだら火を止め、ココナッツミルクと牛乳、黒糖を加える。弱火にして混ぜながら7〜8分煮る。

3　1のタピオカを加え、とろみが出てきたらバナナを1cm幅の半月切りにして加える。
＊バナナを加えたら煮込まない。

ネイアッパム
黒糖とバナナのドーナツ

「ネイ」は油、「アッパム」は米粉を使った料理の総称。黒糖とバナナの素朴な甘さがおいしい、やさしい揚げ菓子です。

材　料（4人分）

黒糖 … 150g
バスマティ米 … 2合
カルダモンパウダー
　　　　… 小さじ1
バナナ … 1本
重曹 … 小さじ1/3
全粒粉 … 50g
塩 … ひとつまみ
揚げ油 … 適量

作り方

1. 黒糖を少量のお湯（分量外）で溶かしておく。バスマティ米はやさしく洗い、たっぷりの水に1時間以上吸水させる。

2. バスマティ米の水気をきり、フードプロセッサーでなめらかになるまで粉砕する。回りづらければ、少量の水（分量外）を加える。

3. バナナを手でつぶして入れ、カルダモンパウダー、溶かした黒糖も加えてよく混ぜる。重曹と全粒粉を加え、ダマにならないようにていねいに混ぜる。塩を加える。

4. 中温よりやや低めの油に3の生地を少しずつ、静かに流し入れる（a）。生地が浮いてきたらすぐに裏返し、香ばしく揚げる。

a

パラムポリ
バナナの衣揚げ

パラムはバナナ、ポリは揚げる、つまりバナナに衣をつけて揚げたシンプルなデザートです。バナナは完熟だと扱いづらいので、少し固めのものを。そのぶん衣にはしっかり甘みをつけます。

材　料（4人分）

バナナ … 3本
揚げ衣
　薄力粉 … 150g
　水 … 約200cc
　ターメリック … 小さじ1/3
　砂糖 … 大さじ6
　塩 … ひとつまみ
揚げ油 … 適量

作り方

1　衣を作る。ボウルに薄力粉を入れ、水を少しずつ加えながら泡立て器で混ぜる。ターメリック、砂糖、塩を加えて混ぜる。＊生地がゆるいと揚げる時に衣が破けやすいので、固めに調整する。

2　バナナを縦に3等分にスライスする。全体に1の衣をつけ、中温の油で両面を揚げる。

チャイ
インド式ミルクティー

マサラチャイ
スパイスミルクティー

インドでは日に何度もチャイを飲みます。屋台ではワダなど軽食と一緒に。

材　料（4人分）

水 … 400cc
牛乳 … 400cc
紅茶の茶葉* … 大さじ3〜4
砂糖 … 大さじ3〜4（好みで）

*紅茶は細かくつぶした茶葉を丸めた「CTC」タイプを用いる。短時間でしっかり抽出できる。

作り方

1　鍋に水、牛乳、紅茶の茶葉を入れて火にかけ、沸騰したら弱火にして5分ほど静かに煮出す。

2　火を止めて砂糖を入れ、好みの甘みにする。茶葉を漉す。
　*渋みが出るので、茶葉は絞らない。

スパイスと一緒に煮出したマサラチャイ。スパイスの種類や量は好みで調整してください。

材　料（4人分）

水 … 400cc　　　　カルダモン … 5粒
牛乳 … 400cc　　　クローブ … 8粒
紅茶の茶葉 … 大さじ3〜4　シナモンスティック … 1本
ショウガ（薄切り） … 1切れ　砂糖 … 大さじ3〜4（好みで）

作り方

1　鍋に砂糖以外の材料を入れて火にかけ、沸騰したら弱火にして5分ほど静かに煮出す。

2　火を止めて砂糖を入れ、好みの甘さにする。茶葉を漉す。

チャイを注ぐ

お店でチャイが出てくる際に、高い位置からカップに注ぎ入れるのを見たことありますか？ これは泡立たせる、つまり空気を含ませることと砂糖を混ぜることが目的。牛乳と紅茶を別に用意して、注ぎ入れることで合わせる場合もあります。

ラッシー
ヨーグルトドリンク

ほんの少し入れるクミンがほのかに香ります。シナモンやマンゴーの果汁、ローズウォーターなどを加えてもおいしい。

材 料（4人分）

ヨーグルト … 300g
牛乳 … 200cc
ハチミツ … 大さじ4〜5（好みで）
クミンパウダー … ごく少量

作り方

1　ボウルにヨーグルトを入れ、牛乳を少しずつ加えながら泡立て器でなめらかに混ぜ合わせる。

2　ハチミツを加え、さらに混ぜる。クミンを加え、さらに混ぜる。

スパイス図鑑

本書で使用したスパイスを、並べました。
※ホールスパイスを粉末状に挽いて使用するレシピは、パウダースパイスで代用できます。

赤唐辛子

ナス科、中南米原産。品種によって辛さや風味が異なり、日本産はインドのものより辛みが強い。ホールで使う場合は辛みより香りが目的。辛みをしっかり出したい場合は量を増やしたり、きざんだり、細かくつぶして辛みを引き出す。南インドではテンパリングに不可欠。

カイエンヌペッパー

南インドでは「チリパウダー」と言われる。唐辛子は種類が多いため、辛さも香りも色もさまざま。辛みが強烈なもの、控えめのものなど、味見をして好みのものを使い分ける。レシピでは、カイエンヌペッパーの増減で辛さを調節する。

カスリメティ

マメ科、フェヌグリークの葉を乾燥させたもの。カレーの香りを持つ。おもに北インドで使われ、南インドではフェヌグリークシードのほうが出番が多い。カレーに加えると風味アップ。ナイルレストランでは、チキンをヨーグルトでマリネする時に不可欠なスパイス。

ガラムマサラ

インドを代表するミックススパイス。とくに決まった組み合わせや配合はなく、クローブ、カルダモン、シナモン、クミン、コリアンダー、ブラックペッパーなどで構成され、各店・各家庭ごとにレシピがある。肉や魚を使った料理に用い、下味をつける役割なども。

カルダモン

ショウガ科。南インド原産だが、インドでは北のほうがよく使われる。本書ではホールはグリーンカルダモンを使用。すっきり爽やかで甘い香りが持ち味。ビリヤーニや魚のカレーなどの料理にはもちろん、デザートにも用いる。高価なスパイス。

カレーリーフ

ミカン科、インド原産。名前の通りカレーの香りを持ち、南インドやスリランカ料理に不可欠。日本でもカレーリーフの栽培は増えており、暖かい時期は比較的入手しやすい。乾燥品もあるが、プランター栽培もおすすめ。枝をしごいて葉をばらし、枝ごと使う。→ p16 参照。

クミン

セリ科、中東原産。食欲を誘う爽やかでオリエンタルな香りを持ち、とくに北インドでは欠かせないスパイス。ホールは、噛んだ時にはじける香りとプチプチした食感も魅力。さまざまな料理に使い、肉料理に使う場合にはくさみ消しの役割も。

クローブ

フトモモ科、中国やヨーロッパでも広く使われるスパイス。強い香りと独特の甘みを持ち、ガラムマサラにも使われる。北インドのほうが出番が多く、本書ではポークビンダルーやケララシチュー、ギーライスなどで使用。

コリアンダー

セリ科。香菜(パクチー)の種子。柑橘に似た爽やかさと甘みを持つ。カレーの三種の神器というべき、定番スパイス。香りづけはもちろん、旨みづけ、とろみづけにと出番が多く、レシピにある分量よりも多めに加えても問題ない。生に比べて独特の香りはおだやか。

サフラン

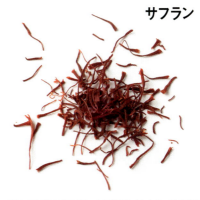

アヤメ科の多年草の花の雄しべを乾燥させたもの。地中海原産で、ヨーロッパでも広く使われる。水につけると少量でもきれいな黄金色になる。非常に高価。本書では、炊き上がったビリヤーニにサフランウォーターをまぶして香りと色合いをプラス。

シナモン / シナモンカシア

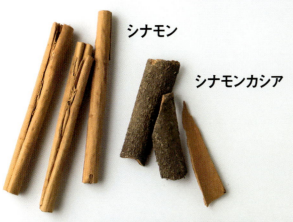

どちらもクスノキ科の樹皮を乾燥させたものだが、別の木。甘く爽やかな香りは似ているが、カシアのほうがパンチがあり、スッと抜けていく。本書ではおもにカシアを使用するが、シナモンスティックを使ってもよい(カシア1片=シナモンスティック1/2本が目安)。

スターアニス

「八角」の名の通り、8つの袋の中に種子が入っている。甘く、スッとしたオリエンタルな風味はアニスと似ているが、植物学的には関係ない。本書では、白ワインやワインヴィネガーを使うポークビンダルーなど、異国の香りただよう料理に用いた。

タマリンド

マメ科の高木の熟果。酸味のスパイスと言われ、加熱すると独特の旨みが出る。梅干しや乾燥プルーンに似た質感で、ぬるま湯につけて柔らかくしたものをよくほぐし、風味を移した液体を使う。タマリンドの酸味は南インドのカレーに欠かせない。→ p18 参照。

ターメリック

ショウガ科の植物の根を乾燥させたもので、日本名は「ウコン」。インドが最大の生産国で、いかにもカレーらしい黄色と、爽やかな香りを持つ。豆を煮る時や揚げものの衣に加えると、きれいな色に仕上がる。風味が強いので、入れすぎに注意。

パプリカ

辛みはなく、独特の甘みを持つ。カイエンヌペッパーに比べて深い赤色で、カレーを色づけたい時にも用いる。現地では「カシミーリチリ」という鮮やかな香りと色の唐辛子パウダーがおなじみで、日本ではその代用としてパプリカを使用。

ヒン

セリ科。ヒング、アサフェティダともいう。「くさい」と評されるが、少量加えると一気に味に深みが出るうまみ調味料的な存在。とくにサンバルやダールカレーに不可欠で、パコラの隠し味にも。強烈なにおいなので、使うのは少量ずつ。必ず密閉して保存する。

フェヌグリーク

マメ科、インド名「メティ」。ほろ苦さも含めて大人っぽい風味で、魚介料理との相性抜群。野菜料理に加えて味に深みを出すことも。フェヌグリークシードは、テンパリングの要領で油で加熱し、香りを移す。加熱すると苦みは和らぐが、入れすぎ注意。

フェンネルシード

セリ科、フェンネル（フヌイユ/ウイキョウ）の種子。アニスに近い、甘く爽やかな香りを持つ。噛んだ時のプチプチ感も楽しい。インド料理店のレジ横に、口直し用に置いてあるスパイスがフェンネルシード。本書ではポークビンダルーやチキンクルマに使用。

ブラックペッパー

インド南部原産。果実が熟す直前に収穫し、乾燥させたもの。爽快感のある辛みが特徴で、白コショウに比べて香りも辛さも鮮烈。香りを生かしたい場合はホールを砕いて。ラッサムを筆頭にさまざまな料理に用い、唐辛子やカイエンヌペッパーと一緒に使うレシピも多い。

ローリエ

クスノキ科。世界で広く使われるスパイスで、インドでは北のほうがよく使う。英語名はベイリーフ。厳密には、インドでベイリーフといった時は、ローリエより大判で葉脈が縦に入ったもの(シナモンリーフ)を指す。ギーライス、ビリヤーニなどの香りづけに。

マスタードシード

アブラナ科の植物の種子。南インドを代表するスパイスで、イエローとブラウンがあり、本書ではイエローを使用。ホールはマスタード特有の刺激よりも、加熱時の香ばしさやプチプチとした食感が特徴。ピクルスのように軽くつぶしてマスタードらしい香りを生かす場合も。→ p14 参照。

メース

ニクズク科、ナツメグの種皮を乾燥したもの。ナツメグと風味は同じだが、皮は油が少ないぶんおだやか。本書ではポークビンダルーの豚肉のマリネや、ビリヤーニ、ギーライスに使用。

スパイス、イキイキ

南インドの市場やスパイス専門店には色とりどりのスパイスが並びます。カルダモンやメースなどは、日本で売っているものに比べて色鮮やか。カレーリーフや青唐辛子も野生味のある、濃い味わいです。唐辛子のように種類によって辛さも香りも違うものは、用途や好みを伝えて必要なぶんを購入。インドの家庭では石臼やスパイス用のミルがあり、挽いたり砕いたりしてオリジナルの香りを作り出します。

素材さくいん

赤パプリカ　55

青唐辛子　42、45、48、51、59、61、63、65、67、69、75、77、79、81、83、96、104、105、106、110、111、113、115、117、123、125、126、127、128、129、132、133、135、136、137、138

アジ　48、79

イワシ　121

インゲン　55、65、93、104、107

エビ　59、119、133

オクラ　73、109

カシューナッツ　77、88、89、141

カリフラワー　55、93

ギー　65、88、89、91、93、117

キャベツ　106

牛肉（肩ロース）　81

牛乳　77、93、101、141、145

キュウリ　110

ゴーヤ　108

黒糖　75、105、132、135、141、142

ココナッツオイル　42、45、48、57、67、69、71、73、75、77、79、81、83、104、105、106、107、108、109、110、111、115、119、123、137

ココナッツファイン　45、51、55、57、59、67、71、81、104、105、106、107、109、110、111、135、137

ココナッツミルク　42、59、65、69、77、79、83、117、123、141

ココナッツロング　108

ゴマ油　51、113、131、132

サトイモ　45、67

ジャガイモ　53、65、96、104、105、125、129

香菜　42、53、55、59、61、63、79、83、91、97、113、115、119、126、136

ショウガ　132、133

酢　51、59、79、119、131、132、133

全粒粉　142

大根　53、69

タピオカ　141

卵　83

タマネギ　42、45、48、51、53、55、57、59、63、65、71、73、75、77、79、81、83、88、91、93、96、97、106、107、109、111、115、117、119、123、125、126、127、128、129、132、135、137

トマト　42、48、51、53、55、59、61、63、75、79、83、97、115、117、136

トマトピューレ　113

鶏肉（モモ）　42、57、65、77、113、115

ナス　53、55、71

ニンジン　55、65、93、104

薄力粉　101、143

バスマティ米　86、87、88、89、91、93、95、126、142

バナナ　141、142、143

ビーツ　111

ピーナッツ　135

豚肉（肩ロース）　51、75

ベースン　128、129

マトン（肩ロース）　117

豆（ウラッドダール）　95、126、136、138

豆（チャナダール）　61、87、96、106、109、127、135、136、138

豆（トゥールダール）　53、55、61

豆（ブラックチャナ）　105

豆（ムングダール）　63、89

豆（レッドアイグラム）　69

ミント　88、91、136

紫タマネギ　91

メカジキ　123

ヨーグルト　45、67、73、77、91、104、110、111、135、136、139、145

ライム　132

レーズン　88、89、141

レモン　131

スパイスさくいん　ページ数には、ホールとパウダーどちらも含みます。

赤唐辛子　42、45、48、51、53、55、57、59、61、63、67、69、71、75、79、83、87、96、104、105、106、107、108、109、111、115、117、127、133、135、136、137、138

カイエンヌペッパー　42、45、48、51、53、57、59、61、63、81、83、96、107、108、109、113、115、117、121、123、125、128、129、131、132、133、135

カスリメティ　91

ガラムマサラ　51、57、75、77、81、91、115、117、125

カルダモン　65、75、77、79、88、91、93、141、142、144

カレーリーフ　16、42、45、48、55、57、59、61、67、69、71、73、79、81、83、89、104、105、106、108、109、111、115、117、119、121、123、126、127、128、132、133、135、137、138、139

カルダモン　65、75、77、79、88、91、93、141、142、144

クミン　45、55、61、63、67、73、75、77、81、89、91、93、104、105、106、110、113、117、119、129、145

クローブ　65、75、77、88、91、93、144

コリアンダー　42、48、51、53、55、57、59、63、71、75、77、79、81、83、91、115、117、119、121、123

サフラン　91

シナモンカシア　51、65、75、77、79、91、93

シナモンスティック　144

スターアニス　75、88

タマリンド　18、48、53、55、61、67、71、73、132、135、137

ターメリック　42、45、48、51、53、55、57、59、61、63、67、71、75、79、81、83、87、88、91、93、96、105、106、107、108、109、115、117、119、121、123、125、128、129、131、132、133、135、138、143

パプリカ　42、48、59、61、67、75、83、91、113、115、119、121、123、132、133

ヒン　53、55、83、126、127、128、129、131、132、135、138

フェヌグリーク　45、48、55、59、61、67、71、73、79、83、95、119、121、123、131、132

フェンネル　51、63、77

ブラックペッパー　42、61、67、81、89、105、113、115、117、121、123、126、129、131

マスタードシード　14、42、45、48、53、55、57、59、61、63、67、69、71、73、79、81、83、87、96、104、105、106、107、108、109、111、115、117、119、123、129、131、132、133、135、136、137

メース　75、77、88、91

ローリエ　77、88、91、93

スパイスやインド食材、調理器具が買えるお店

アンビカショップ（インド食材全般）
東京都台東区蔵前 3-19-2　電話 / 03-6908-8077
https://www.ambikajapan.com/jp

大津屋（スパイス・豆ほか）
東京都台東区上野 4-6-13　電話 / 03-3834-4077
http://www.rakuten.co.jp/uenoohtsuya/　（楽天市場）

ナイル商会（スパイス・豆ほか）
東京都練馬区豊玉北 4-33-15　電話 / 03-3993-4111
http://www.nair.co.jp

アジアハンター（インドの食器・調理器具）
東京都江東区三好 3-4-4　電話 / 03-3641-7087
http://www.asiahunter.com

ナイル善己
よしみ

1976年東京生まれ、インド国籍。銀座「ナイルレストラン」三代目。南インド・ケララ州出身のインド独立運動家であり、「ナイルレストラン」初代創業者のA.M.ナイルを祖父に持つ。高校卒業後、南インド・ゴア州に渡り、アカデミー・オブ・カリナリー・エデュケーション(A.C.E)で料理を学び、ゴアの最高級ホテル・シダデゴア(Cida de GOA)の厨房で修業。現在、テレビや雑誌などのメディアでも活躍中。2016年にソムリエ資格を取得。著書に『ナイル善己のやさしいインド料理』(世界文化社)など多数。

ナイルレストラン
東京都中央区銀座 4-10-7
電　　話／03-3541-8246
営業時間／平日 11:30～21:30
　　　　　日曜祝日 11:30～20:30
定 休 日／火曜日
http://www.ginza-nair.co.jp

南インド料理とミールス

初版印刷　2017 年 7 月 10 日
初版発行　2017 年 7 月 25 日

著者 ⓒ　ナイル善己

発行者　土肥大介
発行所　株式会社柴田書店
　　　　東京都文京区湯島 3-26-9 イヤサカビル 〒113-8477
　　　　営業部　03-5816-8282（注文・問合せ）
　　　　書籍編集部　03-5816-8260
URL　　http://www.shibatashoten.co.jp
印刷・製本　凸版印刷株式会社
ISBN　978-4-388-06265-2

本書収録内容の無断掲載・複写（コピー）・引用・データ配信などの行為を固く禁じます。
乱丁・落丁本はお取り替えいたします。

Printed in Japan